Money錢

Money錢

艾蜜莉存股術2.0

月薪2.5萬起步
滾到5千萬財富

艾蜜莉 著

Money錢

1 月薪 2.5 萬起步 敲開財務自由大門

艾蜜莉選股心法 投資勝率 100%

3 3招買在好價格 不怕套在山頂上

贏家的修練 懂得賣、學會忍

5 從艾蜜莉觀察名單 實戰學個股分析

推薦序

投資股票
要有企業家精神

怪老子 **蕭世斌**

投資不是投機,是有方法可循的。

投資就要學習企業家,看準一個產業具有不錯的未來性,很有把握再下手,然後靜待營運帶來的成果,而投機就好像在賭博一樣,只在小波動中尋求輸贏。

例如投資一家餐廳,投資者有把握做出香噴噴的菜餚,就會有絡繹不絕的顧客,年年獲得合理的利潤,這才是真正的投資行為。另外一種自稱為投資,同樣投資餐廳,卻整天不思如何經營,只想著有沒有人願意出更高的價錢,把這一家餐廳買走,這種不思主業的就是投機行為。

企業家的精神是把產品做好,每一年都有源源不斷的獲利,就可以每年都把獲利配發給股東,而短線操作的獲

利只有一次性的，更別說還不一定是獲利，也有可能出現虧損。

企業家的投資方式，用股票的術語來說就是『買進持有』，也是現在很流行的存股。好股票並不需要買來賣去，股價波動應視為正常，只要能夠帶來源源不斷的配息，就值得長期持有。只是，買進持有並不是傻傻的都不賣出，當股票獲利能力不如當初，就必須當機立斷轉換新股，才能讓手中擁有的股票都是一時之選。

投資其實不難，只要能掌握住核心觀念，就能夠擁有源源不斷的現金流入，就能夠讓自己立於不敗之地，如何挑選到符合條件的個股，才是最重要的因素。若能夠更積極地做好資產組合，讓風險降到最低，那就更完美了。

艾蜜莉的價值投資法源於企業家的精神，除了透過財報選出值得投資的個股之外，還有許多選股的好方法，很適合個股投資者來學習。這本書鉅細靡遺把投資個股所需要的知識，全部都包括在內，還提供了「艾蜜莉定存股」的選股 App，更方便投資者實務操作。

十幾年前我在社區大學開設投資理財的課程，當時的

艾蜜莉還相當年輕，看起來一副青澀的樣子，表現卻非常突出，記得最後一堂課的分組討論，她代表該組發言，題目就是個股的研究成果，當時我心裡就感覺這位小女孩，未來一定有一番成就。果不其然，這幾年下來努力的成果有目共睹，很高興她願意把這些獨門密技，寫成書籍分享給大家。

　　身為艾蜜莉的啟蒙老師，真的替她高興，也希望這本書能夠普及，讓更多人受惠。

推薦序
成功不會突然降臨
堅持就是贏家

美股夢想家創辦人 **施雅棠**

每個人都想要財務自由，希望生活不再被錢綁架，贏回人生自主權，而這最重要的關鍵就是改變自身觀念。

富人買資產，窮人買負債，只要能產生現金流的就是資產，持續消耗現金流的就是負債；如果資產越來越多，現金流也會越來越多，而當現金流大於生活支出，也就實現自由人生。

因此財富自由的秘密就是不斷累積資產，而為了加快資產累積速度，就一定要做好「理財」及「投資」。

「理財」最重要是要盤點手上所有金錢，掌握自己每月薪水有多少，錢都花到哪裡去，哪些可以省下來，哪些

一定要用到。

如果有高利率的債務，例如信用卡債務的利率往往很高，這時就要盡可能提早償還，不然債務就會越滾越多。然後平常要存下至少 3 個月的緊急預備金，這樣遇到緊急狀況或沒有收入，才不會忽然陷入困頓。

再來就是要努力開源，不論當家教、跑外送、剪影片、寫文章……都可以創造額外收入，最後再透過「投資」累積資產，實現財務自由。

不過說來容易做來難，好在經過好多年等待，艾蜜莉最新力作隆重上市，這本書結合艾蜜莉 18 年的投資經驗，深入淺出的將策略及心法完整公開，並搭配多檔個股實戰教學，讀起來也會更容易上手。

艾蜜莉擅長從生活找到投資機會，而且投資策略也很穩健，總是以不賠錢為優先，所以像是四大慘業如 DRAM、面板、太陽能、LED 產業，又或者景氣循環股如水泥、塑化、鋼鐵、造紙等都會避開。

最大原因就是艾蜜莉考量這些產業往往大賺大賠，股價波動極為劇烈，很難判斷價值，因此堅持不碰，只專注

自己看得懂的股票。而堅守原則就是放大財富的最佳方式，投資並不會因為錯過好球而被三振，但如果什麼球都想揮，只會落得一場空，最重要是耐心等到自己喜歡的好球，然後猛力揮擊，如此全壘打就會不斷出現。

因此就如艾蜜莉書中所言，投資最重要就是「耐心」及「信心」，耐心等待買點來臨，並對自己判斷有信心，只要堅守「買好股票、買好價錢」，就一定可以穩定獲利。

雖然剛開始累積財富初期，常常會覺得資產成長很慢，但成功不是某一天突然擁有，而是不斷累積而成，透過本書一定可以從中得到許多啟發，找到適合自己的投資方法，並邁向自由人生。

自序
價值投資
經得起市場考驗

我一直到現在都沒忘記，剛開始出來宣傳價值投資時的初衷與心情，以前我身旁常遇到用投機的心態、短線的策略，試圖在股市裡賺錢的人們，他們最後的結果，就是百分之八十以上都在股市裡慢慢輸光自己的財產，這裡面也包含了我的家人。

當我看到身旁的家人、朋友在股市中不斷地失敗又重新投入，輸了一大筆錢，我很替他們擔心，所以一直在想，有沒有一套方法，是低門檻，又可以長期穩定賺錢的投資方式？

經過自己多年的學習研究、不斷地思考改進，我才確定了價值投資就是那一套穩定獲利的方法，之後又使用許

多年後，我的投資勝率幾乎接近 100%，因此更確定它是確實有效的方法。

而且這套方法不是零和遊戲，不會造成我贏、你就輸的局面，不需要從別人手上贏錢，而是可以做到三贏：我贏、你贏、公司贏，因為公司有賺錢，可以繼續營運、配發股息，我們買進這樣的績優股，可以得到穩定的獲利，創造所謂的三贏。

這幾年我的核心方法並沒有太大改變，就是在市場上挑選好資產、好公司，然後用好的價格買進，並且嚴格遵守價值大於價格的核心原則。

但隨著市場近幾年的改變，我也進行了一些策略上的微調，例如開始定期定額投資 ETF，增加更多領息收入來對抗通膨，使用景氣對策燈號來看景氣蕭條與熱絡，以此進行資金控管比例的調整，這個方式可以避免我們買在最高點、在不正確的地方大量加碼，或是在景氣不好，別人恐懼我們應該貪婪的地方，卻因為心裡無所依據而錯過數年難得一次的加碼機會，而這個機會，通常是人生大翻身、財富重分配的大好機會。

時序來到 2024 年，我的投資資歷滿 18 年了，使用價值投資歷經了金融風暴、美債危機、美中貿易戰、新冠肺炎疫情、俄烏戰爭……發現這些黑天鵝事件對很多投資人而言是最不願看到的事件，相反的，對價值投資者來說卻是最好的時機，當人們的恐懼氛圍達到了極點，紛紛拋售手上的股票，這時候就是我們價值投資人應該積極進入市場的時候。

每當這個時候我總想著我就像是白馬王子，帶著我的資金，勇敢進場，解救落難的公主（股價被低估的公司），然後等待公司調整與好轉，這時候股價漲回來了，我就可以賺錢凱旋而歸！

當我跟很多投資人分享這些感想時，網友的回應有酸也有甜，總是免不了遇到一些酸言酸語的攻擊。剛開始，我總是很在意別人的批評，甚至會因此感到氣餒，我的家人和教會的姊妹常常安慰我，成為支撐我的力量，也很感謝廣大網友的回饋或感謝信，我曾收到一位單親媽媽說因為我教的價值投資，讓她每年的收入增加，更有餘裕養育子女，我聽到的時候真的非常開心。

　　還有另外一位讀者，他說因為買了艾蜜莉觀察名單內的好股票，讓他順利存到房子的頭期款，更有一位學員，他學習「艾蜜莉定存股」這套投資方法時，幫自己設定了10年退休計畫，後來他6年就存到2千萬元以上的退休金了！

　　看到大家因為學習正確觀念而逆轉人生，真的讓我備感榮幸與幸福，覺得這些年的一切付出都非常、非常值得。

　　接下來我對未來的規劃是繼續堅持用低門檻的方式，讓價值投資廣傳、再廣傳，不限用任何的方式，希望以後股市中不要出現因為投機而受傷的人，大家一起和我航向財務自由的彼岸吧！

　　願榮耀歸與神！

小資女 艾蜜莉 (張紫凌)

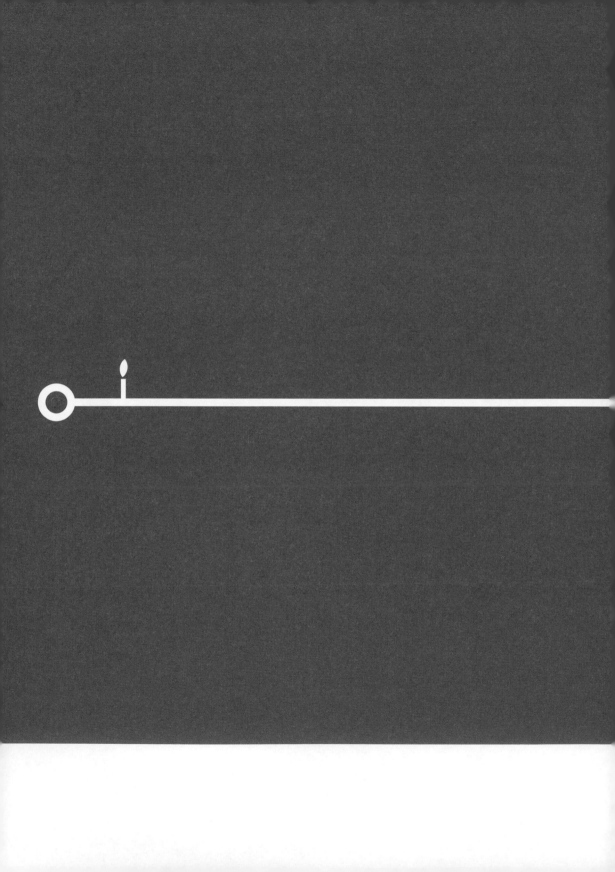

1.
$

月薪 2.5 萬起步
敲開財務自由大門

1-1
逆勢價值投資法
滾出5千萬資產

有人說：「進去股市，就是用錢學經驗。」我聽到這句話覺得匪夷所思：「錢賺那麼少，你還用來學經驗，這樣子不對吧！」

我是一個很普通的人，卻能從月薪 2.5 萬元起步，近年存到 5 千萬元資產。若要說起我的投資之路，第一個啟蒙我的，就是爺爺。

小時候因為父母都去工作，所以我的幼年，基本上是爺爺帶大的。我從小就很常看爺爺在算錢，他常對我說：「你要懂得賺錢，然後算自己的資產、算自己的負債。」爺爺是一個每天在算錢、每天清點資產的人，奶奶都會笑他：「你每天算，難道錢會變多嗎？」即使如此，他依舊

每天清點自己的資產和負債，而且試著教我珠、心算。

30 幾年前的銀行利息很高，我記憶中是 7% ～ 10% 左右，爺爺在銀行存了大筆退休金，他帶我去銀行的時候，行員姊姊看到他，都會端一杯紅茶給他，然後爺爺就會很開心，也趁機告訴我複利的概念：「你把錢放進去銀行，這些錢就會有利息，靠這些利息就可以維生。」爺爺教我如何錢滾錢、把錢變大，我也在懵懂中有了理財的概念。

💲 職場被資遣 激發投資慾望

第二個啟發我投資之路的，就是因為我被資遣了！

我的第一份工作起薪是 2 萬 5,000 元，3 個月之後變成 2 萬 8,500 元，薪水不高，而且非常累！每天要接 120 到 150 通電話，有時候還會被客戶情緒性臭罵，一天工時 9 到 12 小時，更規定上班時間喝水加上廁所，每天只有 30 分鐘。

那時候我常常在晚上的時候跟神禱告：「為什麼我這麼認真工作，但還是賺不到錢？可不可以給我其他方法，讓我的資產變多？」沒想到，更糟糕的是我連這份小小薪

水的工作也保不住！

當時我任職的公司，要從北部移到南部，不願意南遷的員工就要被資遣，當時有 800 多人遭到裁員，我是其中一員。這時候，我想起爸爸從小對我說的話：「你要考好成績、考好學校，長大之後才有好工作，然後就可以存錢，一路到退休、領退休金……」我猛然發覺，人生不像爸爸說得那樣一路順暢，終身僱用制的想法已經過時，所以，除了工作收入之外，我還要有別的收入才可以生存。

職場遇到挫折，讓我對財務有了危機意識，開始積極尋找「開源」的機會，加上求學時期，我曾經經歷一段刻苦的過程，那時我就認為只有把錢握在自己手裡，才是真的，我心裡想：「等我長大之後，一定要透過自己的能力去賺錢！」當一個人對金錢有多焦慮、多渴望，就會產生相對的動力。

從小，爺爺教我做事要認真、嚴謹，要兢兢業業努力工作，這也影響我的投資風格，我一直是比較保守的投資人，投資策略大多使用相對防守的策略。我做每一件事都會努力把事情做對、做到最好，投資也一樣，希望能有高

勝率的方法來賺錢，每一塊賺來的錢，都是血汗錢，我 1
毛也不想賠。

💲 只在低價買進 好方法要可複製

我喜歡逆勢價值投資的原因，是因為用這種方法的勝
率高，也喜歡在打折的時候買進好資產。

試想，如果今天逛百貨公司，你發現常買的品牌（好
資產）在促銷，因為是你慣用的商品，對商品夠了解，打
折的折數越低，是不是就越吸引你想要大量採購？投資股
票也是一樣的道理，當一家好公司股價下跌時，很多人因
為不理解公司，股價跌了不敢買進反而賣在低點，相對的，
因為我對公司夠了解、有信心，會放心在低點分批買進，
好公司的股價最終會漲回應有的價值。

這就是所謂的「逆勢價值投資」──通常在市場上跟
大部分投資人呈反向操作，當大家賣出時我買進，我賣出
時大家追著買；別人恐懼時我貪婪，別人貪婪時我恐懼。
因為跟市場大部分人相反，我反而做到別人期望卻達不到
的──獲得較高的勝率。

　　我曾經看過巴菲特幫他的老師葛拉漢寫的出版書籍推薦序，其中有一段內容提及：「有個村子叫做葛拉漢村，那裡的人都用價值投資法，而且每個人幾乎都賺錢……」，那就表示這方法可複製，而且是高勝率的。換句話說，你可以依照個人能力進行投資，不管是誰都有機會可以慢慢增加資產。

　　雖然投資聖經百百種，有些老師或方法很厲害，但是它難以複製、難以被模仿，即使是技術分析高手帶出來的學生，心態不一樣，就很容易把自己的錢虧光，因為你不是他們，當技術和心態無法調整，無法跟上別人的時候，你在零和市場就會輸！

　　但是「價值投資」不是零和市場，它可以雙贏，甚至

艾蜜莉的小資致富之道

　　我不喜歡零和市場「我贏等於你輸」的方式，也不喜歡整天因為股價提心吊膽，「價值投資」可以不理會短線的股價變化，好公司股價下跌，只要等公司把事情處理好、消化完，有機會創造更多的營收，股價就會反轉。

三贏，我們投資企業，讓公司做更多賺錢的事情，公司股價會上漲，同時把利潤分享出來，所以投資人可以賺價差、賺股息，股民們和企業一起賺錢。

所以，我一直強調要買好資產，就是這個道理。

💲 開源節流加複利 邁向財務自由

有人說：「進去股市，就是用錢學經驗。」我聽到這句話覺得匪夷所思：「錢賺那麼少，你還用來學經驗，這樣子不對吧！」

我的投資方法不難學，但要堅守原則、紀律執行不容易，通常大部分的人不會選擇遵守紀律，因為遵守紀律比較違反人性，大家都嚮往自由。那麼要如何讓自己更遵守紀律呢？

首先要多多跟自己溝通：「如果現在有一個好的標的，但是還沒有到適合的價格，現在進場有可能虧損，我能承受嗎？」如果答案是不能，那就再等一下！

當我要存錢或等待好價格出現的時候，需要等待、忍耐跟自律，我會常常跟自己溝通：「我想要高勝率的投資

法嗎？還是只想要順從本性，現在進場卻買在高點呢？」
經常跟自己溝通，就自然會形成遵守紀律的習慣。自己知
道為何要做一件事，這樣會更增加動力，也會驅使自己往
前走。

30 歲前的我，被資遣過 3 次！也就是因為工作運如此
不順，我才會有各種兼差和創業的經驗，我做過的兼差包
括：上外包網接廣告文案、網拍女裝、網拍住宿或溫泉券、
當作文老師或安親班老師等。我發現上網接文案或網拍的
收入很多，甚至超過我當時的本業收入，於是我不斷增加
兼差時間，並且記帳、節流，把錢省下來投資。

不過要澄清一下，很多人誤以為我因此過得很刻苦，
說實話，我從來沒有苛待過自己！我從 2008 年開始用估
價法鎖定績優股買進，透過薪資加上兼差收入、再加上股
息，持續投入股市中，時間累積久了，經過複利效果，慢
慢達成財務自由。

這本書我要分享的是我畢業後的 19 年人生，從 25 歲
以後開始投資，到達成財務自由的歷程及投資方法，更重
要的是這段人生可以被複製，我希望從我的經驗分享，大

家能學會用「安全」、「具可行性」的方式,建構自己的投資計畫,學會這些方法,相信你也有機會讓你的資產穩定成長,邁向自由人生。

圖表1-1 艾蜜莉的資產成長紀錄　　　　　　　單位:元

1-2
擺脫窮忙迴圈
不要一輩子領死薪水

以前我白天的時候，正職是企管顧問公司的員工，下班回家開始做
網拍、團購、外包網接案，晚上有 3 種工作可以在同時間一起賺錢。

我記得第一次去上理財課程的時候，老師問我：「艾
蜜莉，你知道不知道怎樣當有錢人？」我那時候才
剛出社會，什麼都是懵懵懂懂，我當然不知道，所以反問
老師：「怎麼當有錢人？」理財老師回：「買入資產。」
然後我只回答一個字：「喔……」

理財老師看我沒反應，一臉傻笨的樣子，又再問我一
次：「艾蜜莉，你知道不知道怎樣當有錢人？」我說：「買
入資產。」沒想到，老師又問：「艾蜜莉，你知道不知道

怎樣當有錢人？」我說：「買入資產。」就這樣反覆問答，直到老師確認我真的記起來了，才肯罷手！

從此以後，我一直沒忘記，有錢就要「買入資產、買入資產、買入資產」！

⑤ 釐清資產和負債 讓錢流進口袋

但是很多人不斷地買入資產，卻沒有變成有錢人。到底是為什麼？因為他們買入的不是資產，而是負債！

那什麼才是「對的」資產呢？首先要提醒的是，我所說的「資產」和「負債」跟會計學上的「資產負債表」是不一樣的。簡單來說，讓錢流入你口袋的，我稱為「資產」；讓錢流出你口袋的，我稱為「負債」。

很多人問我：「艾蜜莉，貸款購屋是資產？還是負債？」這個答案看法不一，為什麼呢？因為要看「房子的用途」，就我們現在討論的觀念來說，因為每個月都要付房貸，我剛剛提到：「錢流出你口袋了，因此貸款購屋擁有的是負債。」

很多人會覺得有土斯有財、有房私有財，只要買了房

子就代表我有資產，這是一個錯誤的概念，因為深陷錯誤的想法，所以買入錯誤的資產，結果只是成為建商的金主、銀行的奴隸，最後把自己壓垮。這就是為什麼你要先了解「資產」和「負債」的差異。

相反地，如果你買到便宜的好房子並且出租，每年固定有穩健的房租收入，租金投報率達 10%，扣除房貸和雜費之後，還可以倒賺一筆，那就是「資產」。但你可能會接著問：「艾蜜莉，現在哪有房子的投報率可以到 10% 呀？」現在的確沒有，因為現在房價爆貴！但我在唸大學的時候，該學區的租金投報率就是 10%，像這種就是資產，而且是很棒的資產！

一般人不知道怎樣讓錢幫他們工作？導致「窮者恆窮、富者恆富」，我們來看圖表 1-2，就能理解了。

窮人的工作收入少，支出比例相對會比較高，因此收入扣掉支出之後，很容易只剩一點錢，甚至產生負債。此外，就算固定收入來源增加，窮人的思維是支出也會跟著相對應增加，所以負債還是會繼續增加、資產比例繼續會減少。

圖表1-2 富人vs窮人的現金流思維

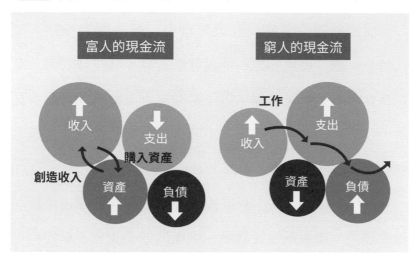

相對的，富人的現金流思維則是一有錢先去買資產，而且是不停地買入資產，資產又會產生收入，再接著拿去買進資產……反覆循環，有錢人當然也會有支出，但是通常有錢人的收入會大於支出，所以他的負債比例會一直下降，資產比例會一直增加。長期累積之下，富人只會越來越有錢。

💲 打造富腦袋思維 跨出理財第一步

我發現「富人思維」有3個要件：

①談錢不羞恥、投資要趁早

我的爺爺很樂於向我分享理財，所以對我來說，談「錢」、聊「投資」是一件很健康的事。我在教課時，有媽媽會帶著子女來聽課，孩子還在求學階段就開始學習理財，我認為是件很棒的事，小時候如果有人也可以這樣教我就好了！

投資要趁早，從小養成投資理財觀念，時間會讓複利越滾越大，知識跟投資經驗、資產的成長也會不斷複利，所以接觸投資、學習正確的方法都要趁早。

②分清主動收入、被動收入

「主動收入」就是你必須要花很多時間和精力，才能獲得的收入，例如上班領薪水；「被動收入」就是你不需要很多花時間和精力，會自動流進來的收入，例如銀行利息、股票股息、債券債息、租金收入……當被動收入大於生活開銷，或是大於主動收入的時候，就可以稱為「財務自由」了。

富人會區分自己的收入來源類型，思考如何有效率地增加每月的現金流，及早達到財務自由。

③了解自己的財務狀況

為了達到財務自由，我認為理解自己的財務狀況很重要，這就相當認清自己的投資能力。但是，多數人常常不知道自己的投資能力到底有多少？所以，跨入投資的第一步，就是先清點資產。

我自己會做一個簡單的資產負債表，資產總值就是「各種資產加負債」，扣除預留的緊急生活預備金，也就是大約 3～6 個月的生活費，所得出的結果就是我可以用來投資的資金。

當你知道自己每年或是每個月有多少閒錢，拿去用在投資，這筆閒錢就能幫你創造未來現金流。

> **艾蜜莉的小資致富之道**
>
> 不懂理財（梳理財務狀況），就沒有辦法「有錢」去投資，所以理財是投資之母。理財是加法，投資是乘法，如果一開始的資本不夠多，就要先用加法把投資的錢變大，再用乘法放大投資成本的效益；搭配正確的投資方法，就讓錢可以像聚寶盆一樣，源源不絕地生出來。

⑤ 沒錢不是藉口 人人都可以開源

如果你和剛出社會的我一樣，沒有多餘的資金可以投資，要如何「開源」以創造後面的被動收入呢？

說到開源節流，你想像一個水缸在蓄水，水龍頭是開源，水缸就是你的現金帳戶，如果你有很多的水龍頭，就可以在同一個時間流入很多的水，更重要的是，水缸塞子不能有漏洞，避免水流出去，這就是開源節流的概念。如果你想增加水龍頭的數量，等於是增加賺錢的動力，首先你需要設定目標。

①設定目標、持續執行

假設你月薪 3 萬元，可以設定 1 年後「開源」的目標是每個月多 3,000 元——通常一開始設定的目標要容易達到，目的是讓自己在下班後不排斥繼續做事，有意願、有動力才能持之以恆。

②善用專業或興趣增加收入

我曾經和網友分享過一招密技，叫做「支出轉收入」，這是什麼意思呢？就是把原本的一筆支出轉變成收入。

我以前很愛買衣服，喜歡每天穿不一樣，於是我就在

國外網站買女裝，我記得有 1 件中間有愛心的 T 恤，台灣賣台幣 199 元，但是國外網站賣台幣 35 元，加上運費，總共也只要 50 元。我當時大量團購 200 多件，1 件在網路上賣 100 元，我用團購來滿足自己的慾望，還能賺錢，顧客和朋友也撿到比 199 元便宜的商品，一舉三得！

另外，善用自己的專業兼差，也很不錯，例如接案翻譯、設計網頁、美術編輯、影音剪輯、製作 App、廣告行銷文案……

③「同時間」產生多重金流

以前我白天的時候，正職是企管顧問公司的員工，下班回家開始做網拍、團購、外包網接案，晚上有 3 種工作可以在同時間一起賺錢。

④當老闆是終極目標

開源如果想要賺得長久，那就要開公司——盡量以小錢來創業，等公司穩定賺到錢，再徵員拓展。

有一部影集《富豪谷底求翻身》，講述一位富豪在一個沒有人認識他的小鎮裡，一切歸零、重新生活的創業歷程，他在短短 90 天之內，用 100 美元賺到 100 萬美元。

　　一開始他只有 100 美元，他只能先從勞力型工作下手，想辦法解決住所和溫飽的問題，影片中闡述他如何妥善運用那 100 美元、如何汰換工作、如何獲取商品利潤、如何創造商品價值，他從一無所有變成百萬富翁，讓人見識到富腦袋的運轉思維。

💲 正確理財 脫離老鼠迴圈窮忙生活

　　當我還是小資女的時候，我身邊沒什麼有錢人，常常去請教我的老闆、教會的大哥以及我的理財老師。我問他們說：「你們是怎麼變有錢的？」他們都很樂於分享自己的經驗。我還曾經異想天開地問我的理財老師：「我什麼時候才要開公司節稅啊？」理財老師聽了大笑，直接回我：「艾蜜莉，等你 1 年有賺 600 萬元以上再說。」但我當時很認真地把這句話，記在我的理財小本子裡。

　　我覺得這些有錢人很好，因為他們都在教我如何成為一名成功人士。

　　投資和理財是分不開的，很多人一生受困於經濟和時間束縛，就像老鼠就在牢籠裡不斷跑來跑去，這輩子無法

逃脫，如同「老鼠迴圈」。當你多讀好書、增加投資邏輯
的思考能力，把窮腦袋變成富腦袋，才有機會脫離「老鼠
迴圈」的苦海。

1-3
遵循贏家守則
小資族不怕從零開始

用最簡單的方式投資，也有機會好好退休，每一個人都有機會當億萬富翁，這就是複利的力量！所以，投資要趁早，這也是我要傳遞給大家的概念。

我有一位長輩很優秀，他是電子公司的高階主管，50歲那年他參加了一場婚禮，遇到一個老同學，那位老同學從小就很混，成績總是吊車尾。兩人閒聊下，我的長輩發現老同學的現職頭銜，不過就是個小組長，但是他的存款竟然是我長輩的好幾倍！

長輩在驚訝之餘，開玩笑地問對方說：「你是繼承遺產喔？」老同學說：「沒有啊！我是從很年輕的時候就開

始投資了。」我的長輩繼續追問相關問題，聽完同學的回答之後，他領悟一個道理：「原來投資要趁早！」這位長輩相當地後悔，因為多年來他只埋首工作、卻不懂投資，看似身居高位但也不過只存款 300 萬元。

回家之後，長輩把老同學的事情告訴太太，語重心長地說：「我們該好好地投資，為自己的退休金做打算了。」

於是兩人開始清點資產：房貸已經付清、現金存款 300 萬元，加上兩人還有工作的情況下，每月可以用收入額外多 5 萬元去投資，1 年就是 60 萬元，接著他們選擇定期定額買進股票型 ETF 加高收益債 ETF，雖然高收益債 ETF 相對風險比較高，但混合起來年化報酬率約為 10%，他們預計 65 歲退休，所以還有 15 年時間可以累積退休金，透過 Excel 計算，預估他們最後可獲得 3,159 萬元。

假設退休後他們每年提領 4%、也就是約 126 萬元來生活，10% 年化報酬率減掉 4%，還有剩下的 6% 可以滾進去本金繼續投資，所以每年錢會越滾越多，這樣就不會坐吃山空。

這位長輩告訴我這個故事，他慶幸地說：「那場婚禮

改變了我的一生！」

💲 收入低沒關係 有開始才能走到終點

你可能想：「我才剛出社會，每個月最多就是 1 萬元，1 年就是 12 萬元，起初投入的本金沒有辦法這麼多啊！」市場上常有專家強調複利的威力，我們設定 5 種年化報酬率：0%、1%、7%、15%、20%，來看看究竟複利有什麼驚人之處。

首先說明一下，為什麼是這 5 種年化報酬率，0% 就是完全不投資；1% 大約是現在銀行存款利率；7% 是台灣大盤型 ETF 0050 上市以來平均年化報酬率；15% 是我近 20 年來採用逆勢價值投資法可獲得的平均年化報酬率；而如果你像股神巴菲特一樣厲害，長期下來可以獲得 20% 年化報酬率的好成績。透過圖表 1-3，可以讓你清楚看到數字變化，具體感受到差異性。

同樣每月投入 1 萬元，到了第 10 年，年化報酬率 0% 累積到的資產是 120 萬元；放在銀行的 1% 會變成 125 萬 5,466 元；投資 7% 大盤型 ETF 會累積到 165 萬 7,974 元；

圖表1-3 每月投入1萬元 財富累積狀況

年化報酬率	0%	1%	7%	15%	20%
第10年	120萬元	125萬5,466元	165萬7,974萬元	243萬6,446元	311萬5,024元
第20年	240萬元	264萬2,280元	491萬9,459元	1,229萬3,230元	2,240萬2,560元
第30年	360萬元	417萬4,187元	1,133萬5,294元	5,216萬9,418元	1億4,182萬5,788元

資料來源：艾蜜莉，以上試算未扣除實際投資會產生的交易費用成本。

15% 是我投資的成效，這時候會有 243 萬 6,446 元，已經
比你把錢鎖在抽屜裡多了 1 倍！如果你是巴菲特的 20%，
這時候你會有 311 萬 5,024 元！

　　但是複利的力量，遠遠不只這樣！

　　到了第 20 年，年化報酬率 0% 累積到的資產是 240
萬元；放在銀行的 1% 會變成 264 萬 2,280 元；投資 7%
大盤型 ETF 會累積到 491 萬 9,459 元；15% 是我投資的
成效，這時候會有 1,229 萬 3,230 元，已經比你把錢鎖在
抽屜裡多了 4 倍！如果你是巴菲特的 20%，這時候你會有
2,240 萬 2,560 元！

　　到了第 30 年，年化報酬率 0% 累積到的資產是 360
萬元；放在銀行的 1% 會變成 417 萬 4,187 元；投資 7%

大盤型 ETF 會累積到 1,133 萬 5,294 元；15% 是我投資的成效，這時候會有 5,216 萬 9,418 元，已經比你把錢鎖在抽屜裡多了 13 倍！如果你是巴菲特的 20%，這時候你會有 1 億 4,182 萬 5,788 元！

所以，你每個月存 1 萬元，用最簡單的方式投資，也有機會好好退休，每一個人都有機會當億萬富翁，這就是複利的力量！所以，投資要趁早，這也是我要傳遞給大家的概念。

▶ 艾蜜莉的小資致富之道

當我明白什麼是複利，下定決心要翻轉自己的人生後，我的年輕歲月中，除了工作和上教會，剩下的時間都在國家圖書館裡，飽讀投資理財書籍。因為我知道，只有靠投資理財才能讓我圓夢！

⑤ 新手從零出發 大量閱讀累積知識

一開始，我對投資理財什麼都不懂，最快學習的方法，就是大量閱讀投資書籍，再慢慢找尋正確的方式，而圖書

館就是我最好的知識庫！起初，我從簡單易懂的內容下
手，不懂的就跳過；有了基本知識後，那些艱澀、專業的
書籍我讀了很多遍，直到通透才罷手。

　　那時候，我認知到世界上靠投資理財最成功的人是巴
菲特，於是大量閱讀巴菲特跟他的老師葛拉漢「價值投資
法」的書籍，學習他們的投資思維，試圖理解在投資的領
域中什麼是對的觀念，什麼是錯誤的觀念，這樣時間一久
就會累積正確的投資邏輯。

　　除了讀書之外，我還有參加怪老子老師的課程，學習
理財、估價、閱讀財報的方法。再有餘裕的話，就多上一
些投資理財的課程來加速進化，由老師幫你抓重點會比讀
書更有效率，只是會花費比較多的金錢就是了。另外，新
手時期的我，也會參考一些投資部落格的文章，可惜這些
很多都已關閉。

　　因為我自己也是過來人，知道很多人跟我一樣，不是
財經科班出身，看到一堆數字都會霧煞煞，所以我會把
複雜的數字都精簡化，或把複雜的流程 SOP 化。舉例來
說，我使用的價值投資法裡面的估價公式，還有看財報的

方法,其實都是加減乘除,小學生程度就可以看懂了;其他像是財報較複雜的內容,也已濃縮到「艾蜜莉定存股」App 的「體質評估」中,這樣大家不用計算,也更能理解、使用。

時間過了近 20 年,現在證明我當初堅持學習投資理財的想法,完全正確。但是有了觀念、學會方法還不夠,還要避免做出不理性的行為和決策,才能在投資路上走得更穩當!

⑤ 不被貪婪、恐懼左右 3 大核心策略

自 2008 年投資迄今,我的戰績百戰百勝,我認為「高勝率的投資策略」最重要的核心概念是:理解公司、投資心態、資金控管 3 大項!

①理解公司

有點像借錢的概念,如果很熟的好朋友,因為了解他的誠信與人格,相信他的品性一定會還本金跟利息,所以你比較願意借他錢;同樣的,如果是一家好公司,因為深入研究過,所以我就願意在好時機買進好公司投資。

②**資金控管**

　　就算是好公司也不要一次把 100% 的資金投入單押，一定要學習分批投入，且資金也要分散投資數間公司。投資首先要把風險降到最低，在投資的路上才能走得長遠。

③**投資心態**

　　投資上，最常見的情緒是跟恐懼與貪婪！

　　對我來說，恐懼會受到公司理解程度、資金控管的影響，如果投資不理解的公司，或是單押 1 間公司的資金比例過高，很容易害怕、焦慮，只要能理解好公司的內在價值，就會降低恐懼的問題。

　　而貪婪，可以透過閱讀前人的經驗來警惕自己，或是自己在股市中歷經跌倒過程，也會讓自己醒悟。貪婪主要的心態是想要賺快錢，因為不知道股市陷阱的危險，而不斷地追逐較高的獲利，卻忽視了高風險。

　　還有一種情緒是嫉妒，也很容易讓自己做出錯誤決定。

　　我的前同事某天突然開始投資，我覺得好奇，一問之下發現他是因為看到別人投資賺錢，覺得自己有能力可以超越對方，忌妒心被刺激之後，他也想透過股票撈一筆。

但實際上,他根本不知道自己在做什麼!

我問他:「你準備好了嗎?這檔股票現在是可以買進的時候嗎?」他都沒有考量進去,所以回答不出來。被忌妒催化的時候,容易在沒有選擇好標的,甚至只聽小道消息或等人家報明牌就進場,自己卻沒有基本知識,這樣很不理性!

回想起 2008 年,我剛投入市場時,市場氣氛非常恐懼,大家說:「末日來了!」、「春燕不再回來!」我當時聽了也有受到影響,但我一遍又一遍地把手上持有矽品(2325)的資料拿出來,反覆自問:「我到底認不認識它?到底認不認同它?認同的話,就應該要趁股價越低越買才對!」

多年之後,在心態和經驗的累積下,我對我持有的股票非常理解,即便逆勢在低點買進緯創(3231)或是其他股票,再也不會揣揣不安。

不斷地短線進出,讓資產往前衝又往後退,這樣不斷地來回,很難達到財務自由的彼岸。不如慢慢走正確的道路,一步一腳印,表面上這樣走得好像比較慢,但是久而

久之回頭後會發現，所有的人都在自己後面。

艾蜜莉的小資致富之道

　　投資市場有一句話說：「慢慢來，比較快！」完全符合我的心境。

1-4
違背價值投資精神
學到寶貴教訓

每一位投資大師都是從菜鳥蹲出來的，經過了一些歷練，才會更堅定自己的信念，更堅守自己的投資策略。

....

我在累積投資知識時，曾經參加過怪老子開設的財經課程，怪老子在教資產估價的時候，他說：「房地產可以估價、股票可以估價、黃金也可以估價……萬物皆可估價。」我聽了之後，打趣地回說：「唯有愛情無價。」也就是這樣，對於「萬物皆可估價」這句話，多年來我銘記在心！

這門課程整整連續 18 週不中斷，而且內容很細，尤其是財報課程較為艱深，很多同學上課上到昏昏欲睡，我

自己也是上了又忘、忘了再上，為了跟上進度，我再去買了教財報的書，前後看了 7 遍，才終於記起來！

當時還是菜鳥的我，自己學著看財報，那落落長的財報，我望著那堆數字，完全不知道重點在哪？現在的我可以理解營收、毛利、EPS……甚至連財報中的備註都會關注，還會把前期的財報拿出來比對，來理解這間公司賺錢或虧損的原因。

正確的投資理財知識非常重要，當你理解一間企業的「價值」，你的投資才會攻守有據、知所進退！為什麼我會這麼說呢？我回想起初進股市時，差點讓我賠錢的 2 檔股票，一個是懷特（4108），另一個是陞泰（8072），這 2 堂投資的「實戰課程」，讓我深深學到寶貴教訓。

我第一檔投資的股票是矽品（2325），當時我在 2008 年金融海嘯股災時勇敢買進，大賺 1 倍出場，讓我信心大增。2011 年我再度買進矽品時，同年也買進生技股懷特。前者是遵循價值投資法的選股原則買進，後者卻是違背選股原則、聽信消息面買的，可想而知，在我買進懷特之後，幾乎終日輾轉難眠。

💲買生技股難入眠 不懂的股票別碰

懷特是我新手時期投資的前 5 檔股票，當時它在市場上一片叫好，我聽說懷特之後會有新藥上市，而這種新藥對癌症引發的疼痛具明確的療效，並且政府會納入健保，我認為在新藥上市之後股價可能會上漲。接著我又看到它連續幾個月營收成長，也被列入健保新藥補助名單，於是在 2011 年 8 月以 40 元左右進場。

但其實這間公司當時處在虧損狀態，股價 EPS 是 0，當然也沒有發股息，甚至年度自由現金流量為負，這些違背「價值投資法」選股邏輯的資訊，我全都視而不見。2011 年年底，許多股票走過谷底，股價都開始止跌回升，但懷特卻是加深續跌，我的帳面損失一度高達 33 %，讓我心裡也慌了起來！

其實很多生技公司是新創公司，如果處在研發、創新商品階段，就代表它沒有穩定獲利的產品，沒有穩定收入卻還要不斷燒錢研究，如果你不理解、不信任這間公司，這樣的投資就有點像是在賭博，這就是最危險的時刻！

幸好後來政府說要投入生技基金，所有的生技股大漲

圖表1-4 沒有獲利支撐 股價難有表現

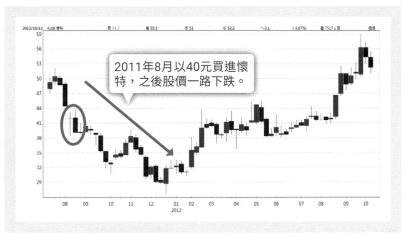

2011年8月以40元買進懷特,之後股價一路下跌。

資料來源:CMoney法人投資決策系統

一波,懷特也跟著起死回生,我也在獲利25%後順利出場。這次的獲利說穿了就是運氣好,這段像是坐雲霄飛車的過程,讓我明白:「不懂的股票不要碰!」

💲 好公司變壞 要及早下車

再來講到陞泰,它雖然符合選股原則,卻也讓我差點賠錢!當時的陞泰本來就在艾蜜莉觀察名單裡,它是一間製造監視器的公司,雖然是小公司,但多年來保持著良好的營運與配息紀錄,董監事持股比例也高,加上當時遇到

便宜價,所以我就買入了。

　　後來,我在持有陞泰期間,發現中國開始背後支持本土的監視器廠商,如此一來,中國製造的產品就可以用極低的價格傾銷,我仔細評估之後,認為陞泰在這波價格戰中應該凶多吉少。

　　過沒多久,陞泰發出消息,要一次性發放 20% 的股利,當時很多人因為這個原因而衝入買進,陞泰股價因此大漲,但是這時候的我,卻感覺這是最後的煙火,透露出

圖表1-5 陞泰(8072)因股利大漲後 一路走跌

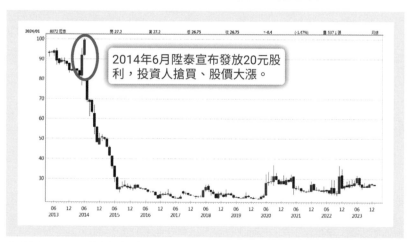

2014年6月陞泰宣布發放20元股利,投資人搶買、股價大漲。

資料來源:CMoney法人投資決策系統

產業轉變的末路,因此決定獲利了結、趕快賣出,果然後來陞泰股價直接腰斬,這也讓我學習到:「好公司變壞的時候,要找機會下車。」

每一位投資大師都是從菜鳥蹲出來的,經過了一些歷練,才會更堅定自己的信念,更堅守自己的投資策略。懷特差點讓我滑一跤,陞泰也讓我心生警惕,這 2 次的投資經驗,也讓我更明白「價值投資」的重要性!

艾蜜莉的小資致富之道

「價值投資法」在乎過往的歷史,而非預測未來。因為經歷過心魔的考驗,讓我更下定決心堅守逆勢價值投資法策略,好好研究選股、判斷利空,不再做會讓自己左右搖擺的行為。現在,即使面對股價大跌,我也能安穩入睡。

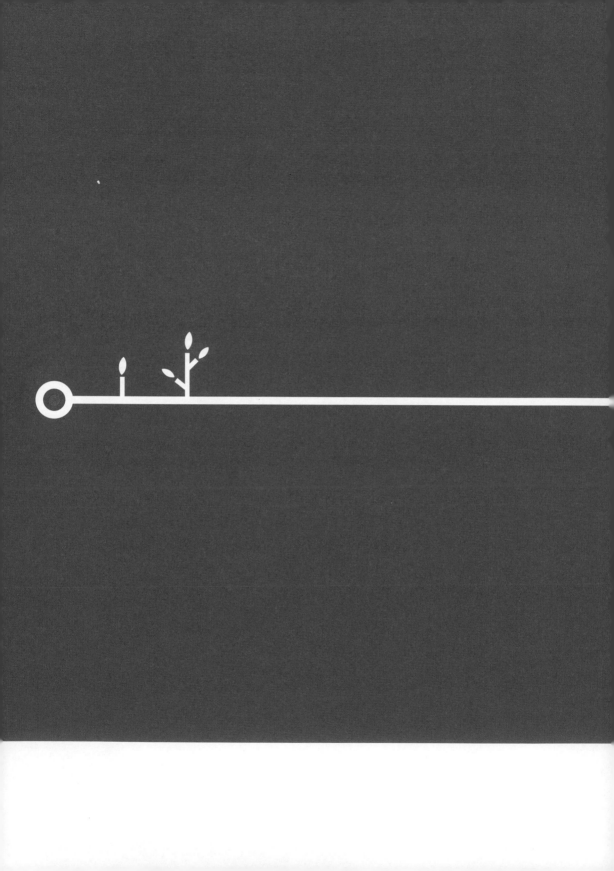

2

艾蜜莉選股心法
投資勝率 100%

2-1
找出你的能力圈
從日常生活選好股

相比於能力圈的大小，是否有自知之明、能否確認能力圈的邊界更加重要！如果你不知道自己做的事情是否在能力範圍內，就表示你已經出界了。

很多人投資遇到的最大問題是不知道怎麼選股，我常常提醒大家：不懂的東西不要碰，所以選股最簡單的方法之一，就是在自己的能力圈挖掘好公司。

我從 2008 年開始投入股市，用自創方式繳出全勝的漂亮成績單，也常分享心得，有一次，我在上課時，有位學生舉手提問：「我是一位家庭主婦，從來沒有上過班，對外面的世界和產業所知不多……請問這樣的我是否有能

力圈？」我反問她：「妳在生活中有沒有打電話（中華電）？有沒有銀行存摺（中信金）？有沒有吃過豆腐（中華食）？有沒有到過 7-11（統一超）買東西？」她都回答說：「有。」

我開玩笑地恭喜她說：「這樣的話，妳至少有 4 個能力圈！」沒錯，「能力圈」就在你身邊、投資機會就在你身邊，只不過，你沒發現而已！

💲 食衣住行都能賺 機會就在身邊

我和一般人的能力一樣，平平無奇，大多數人會的普通常識我也會，而需要更多專業知識的先進產業，像是 AI、生技研發……都不是我的領域、更不是我的強項，因此也不在我投資範圍內。

我認為不要做超過自己能力的事、不要去研究自己太難懂的公司，只需要從日常生活中去感受，就可以挖到寶，例如：我會講手機、打電話，中華電信（2412）、台灣大哥大（3045）、遠傳電信（4904）就是可以參考的標的；你打電話就要付錢、你上網也要付錢，它的商業模式簡單、

淺顯易懂，當你「知道」電信公司到底「在做什麼」，你就可以試著深入了解、投資！

電信公司除了上述商業模式之外，還是千古不變的寡占企業，再加上營收很穩定，這種公司就是從日常生活中可以參考的投資標的。

如果你是投資小白，千萬不要把自己當成「海底撈」，你不需要手上擁有幾十支股票，也不需要什麼公司都得知道，你只需要從自己生活中知道的企業去找投資標的，就算只有 3 家、5 家公司也沒關係。

在你的生活能力圈內投資，穩定操作，會勝過擁有你 5 倍、20 倍能力圈的人卻亂槍打鳥、沒有一定邏輯，我相信最後你的財富會比他們多！

以我為例，我在選股的時候，會先以台灣 50 指數成分股、中型 100 指數成分股為母體來選股票，因為這就相當於從台灣最大、最強的 150 間公司中，篩選出好公司，這 150 家公司都是台灣的藍籌股代表。

然而如同我剛剛所講的，要符合自己的能力圈，這 150 家公司我並非全部都認識，也並非每一支股票我都

 從150家好公司篩選投資標的

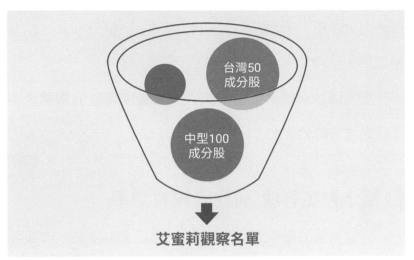

覺得好，所以它只是一個池子，我再從中選出 50 家左右
——我知道它的產品、我知道它的商業模式、我知道它在
做什麼？這樣才算是符合我的「能力圈」範圍的股票，篩
選出來之後才組成「艾蜜莉觀察名單」。

　　仔細看我選出來的股票包括：電信三雄——中華電、
台灣大、遠傳；保全雙雄 ——中保科（9917）、新保
（9925）；以及 7-11（統一超，2912）、中華豆腐（中
華食，4205）；比對近 10 年金融股獲利排行榜，選出兆
豐金（2886）、第一金（2892）、華南金（2880）、合

庫金（5880）4 支官股金控股，以及富邦金（2881）、國泰金（2882）、中信金（2891）、玉山金（2884）民營相關 4 支金控股。

上述這些都是日常生活中，大家會使用到的服務、也很容易理解的公司。

⑤ 無法判定好壞 別納入投資清單

「能力圈」這個概念的起源，是巴菲特 1996 年致股東的信中提到：「投資人需要對『選定的』企業進行正確評估的能力」，而所謂的「選定」是指：你不需要成為每間公司的專家，只需要評估你能力圈範圍內的公司，並只投資那些公司。

巴菲特把「能力圈」作為價值投資的重要原則之一，意思就是我們要圍繞自己熟悉的領域來進行投資。

到底什麼是能力圈？從字面上的意思來看，就是先界定自己的能力範圍，並把自己能力範圍內的公司畫個圈，圈起來，圈內可以投資、圈外不行。然而，圈圈的界線，並不是實線，而是模糊的。

　　如果我們拿朋友來舉例、分類，那些交情好、人品好又值得信任的朋友，自然就是「好朋友」；有一些人，你跟他就是不投緣、也不喜歡，當然就被列為「拒絕往來戶」；還有一種就是不熟悉、但也不討厭，被列為是「點頭之交」。股票也是相同的道理，會被你列為「好朋友」的熟悉產業，就屬於你的投資能力圈。

　　透過圖表 2-2，我們可以把投資標的分為 3 種：①圈圈內：可以投資，代表自己已知是好公司；②圈圈外：不能投資，代表自己已知是不好的公司；③模糊的邊界：太難理解，代表自己無法判定是不是好公司。

圖表2-2 **能力圈外的股票不要買**

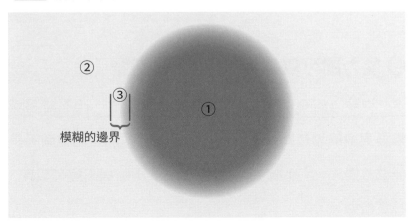

模糊的邊界

　　對我而言，圈圈內的股票，就是「艾蜜莉定存股」App 中「艾蜜莉觀察名單」的公司（附錄 1）；而屬於我圈圈外的股票有 5 種類別，會在章節 2-2 說明。除了上述我能確定是好公司和確定不是好公司的股票外，台股還另外有 1,600 多檔股票，也就是我「無法確定是不是好公司」的那種，這些就是模糊的邊界。所以很多人私訊問我：「XX 股票怎麼樣？」我都會回答：「不知道。」

▶ 艾蜜莉的小資致富之道

　　台股上千支股票，認識的公司只有幾家，很可怕嗎？不知道那麼多股票完全沒關係，只要清楚自己知道、不知道的範圍在哪就夠了，這就是我這麼多年來的賺錢之道！

⑤ 能力圈可以擴大 並非一成不變

　　你現有的知識，決定了你的能力圈範圍，但有些領域需要更多的專業知識來評估，怎麼辦呢？能力圈範圍不是無法改變的，想要擴大能力圈，就需要不斷提高專業知識、投資能力等。

就算現在你對某些領域仍然一知半解，但只要多做了解、多學習，就能建立起那些領域的知識，進而擴大能力圈。我都怎麼學習呢？

首先，看公司年報很重要。我想了解一間公司的時候，最少會去看近 3 年的年報，如果有時間，就看近 5 年，甚至近 10 年的年報，年報裡有豐富的知識，像是公司未來的規劃、公司治理方針、產品組成與銷售地區、營收等資料與數據。

然後，我會去找那個產業的書籍、期刊論文、線上資料等，通常這類資料比較難取得，可以去國家圖書館找找看，有些產業的線上研究資料也需要付費才能取得。

此外，我也會參與線上法說會，從資訊中去了解一間公司的產品脈絡、營運規劃、財務狀況，大部分的好公司都是本業賺錢，所以產業龍頭很少出現本業不賺錢，卻靠副業賺錢支撐的情況！再加上我選的都是各類產業前 3 名的龍頭公司，而且是有前景的大產業，所以不太存在做假帳的情況，再加上歷史資訊可以幫忙驗證，你的投資勝率自然就會提高。

⑤ 好公司跌深不敢買 代表超出界線

　　股神巴菲特曾經說過：「如果你知道了能力圈的邊界所在，你將比那些能力圈比你大 5 倍，卻不知道邊界所在的人要富有得多。」相比於能力圈的大小，是否有自知之明、能否確認能力圈的邊界更加重要！如果你不知道自己做的事情是否在能力範圍內，就表示你已經出界了。

　　在界定能力和遇到事情的時候，反問一下自己，對於做這件事情，做到要求的程度、取得要求的成果，心中是否有所疑慮。什麼叫有所疑慮？說的通俗一點，就是遇到事情的時候，會不會慌？

　　舉例來說，近期的大事就是新冠肺炎疫情了，因疫情而火熱的防疫概念股，或是近期流行的 AI 概念股，都沒有動搖我的操作策略，我不會追逐任何概念股，我依舊堅守投資我能力圈範圍內的股票。

　　拿投資做比喻，如果自己原本認為的、理解的「好公司」，遇到重大利空消息，連新聞也不斷發布不利於這支股票的消息，甚至股價下跌到原本的一半時，你能不能判斷這是暫時性利空？還是永久性衰退？是要趁機加碼？還

是要停損？

　　如果你會因為存疑而到處問人，如果自己完全不會判斷，遇到上述事件就慌成一團，到處去找人問：「XX 股票怎麼了？」顯然這支股票並非在你能力圈內！假設今天中華電信股價腰斬、跌了 50%，我絕對不會覺得中華電信變爛了，我一定是很高興地去撿、進場加碼。

　　所以，在我看來，能力圈絕對不是馬上擴張得越大越好！就好比我有一個農場，農場裡飼養著牛、羊、豬等動物，還有一片農田，種著小麥、蔬菜、水果等作物，多年來我過著自給自足的生活。但農場外有一片森林，我如果向外開拓，會得到更大的耕作用地，可能會發現森林裡的神祕寶藏……但也有可能，我會遇到野獸而被吃掉，或誤觸獵人的陷阱而受傷。

▶ 艾蜜莉的小資致富之道

　　在擴展能力圈的過程中，我們要更小心地探索、研究，然後再踏出一步。有時候，在還沒做足完全準備的時候，暫時留在能力圈內也可以。

💲不被「賺錢」魔力吸引 堅守能力圈更難

此外，我認為比起界定能力圈，堅守能力圈更為困難！常常聽到有人說後悔某支飆股沒有賺到，像 2022 年流行的「航海王」——長榮（2603）、陽明（2609）等股票，但這些人大多對航運業一竅不通。其實在自己能力範圍內沒有得到的，才算是損失，而不在能力圈範圍內，表示不是你應得的，所以也沒有什麼好後悔或可惜！

之前因為工作的關係，我經常可以知道很多台股短線高手正在下單買什麼股票，不少同事們很開心地紛紛跟單，只有我，一次都沒有跟單。有時候同事跟單賺錢，還會請大家吃東西，他們很好奇問我為什麼有錢也不賺？其實我就是堅守價值投資「能力圈」的原則，不懂的股票不要碰！

我很明白當一個人走出自己的能力圈外，觀察的視線就會變得模糊，敏感度會降低，而且資訊不足的公司，很有可能只有經營者才會知道真正的訊息，其他人對這間公司都是未知。我從 2008 年開始的每一筆投資都是成功出場，為什麼我可以做到勝率百分之百？最大的關鍵，就是

我一直堅守在我的能力圈內投資！

　　如果我為了貪 1 次小錢，而破壞了原則，那麼我未來就可能一次次地破壞原則，成為賺賺賠賠、載浮載沉的投資人，最終失去了長期達到財務自由的機會！

2-2
遠離 5 大類股
產業龍頭不全都是寶

如果你想要選擇投資景氣循環股,一定要注意大循環週期,萬一選錯時機,很有可能長抱 10 年也解不了套。

．．．．．．．．．．．．．．．．．．．．．．．．．．．．．．．．．

我常看到一些網友每到月底特別容易煩惱:「錢不夠用該怎麼辦?」尤其現在隨便一個便當動輒破百元,想要省餐費,恐怕得靠超商的即期食品度日!看有沒有打 65 折的水果?有沒有打 65 折的便當?

我自己有時候也會打開「i 地圖」找一下「i 珍食」,看看 7-11 有哪些快要過期的降價促銷食物,1 個月下來其實可以省不少錢,而且裡面累積的點數還能直接換東西,不無小補。

　　這是另一個從生活中選股的例子，7-11 的統一超（2912）就在我的觀察名單當中。不過，除了生活圈之外，從「興趣」與「專業」挑好公司股票，也是很好的方向。例如喜歡研究車子的人，可以參考和泰車（2207）；之前我有一位助理在台積電（2330）上過班，他就會研究台積電的股票。

　　我喜歡鼓勵剛開始學投資的新手，自我訓練獨立思考，找到適合自己的模式。

　　那麼，如果要從「產業」的角度出發，如何選出好股票？前面提到，我的「艾蜜莉觀察名單」篩選方式，是從台灣 50 指數成分股、中型 100 指數成分股選出 150 檔股票，作為選股的大池子，再從裡面選出業界前 3 名的產業龍頭，而且必須是年年賺錢。

　　如果你想要特別了解某些產業類股，可以從 Money DJ 理財網的「產業分類」頁面，找到豐富、詳實的資訊，舉例來說，到了夏天，幾乎人手 1 瓶飲料，你只要點選「飲料相關」，就會跳出所有生產飲料的上市公司和股價資訊，方便參考、研究（圖表 2-3）。

圖表2-3 從「產業分類」找到相關公司

產業分類			
產業別	**細產業**		
水泥	水泥	水泥製品	預拌混凝土	高爐水泥
食品加工	方便麵	乳製品	調味品	食品加工
	罐頭	肉品加工	農產品加工	麵製品相關
	水產品加工	糖果製品	保健食品	可可製品
	穀類烘焙製品	澱粉製品	調理食品	茶葉與咖啡相關
	寵物食品	餅乾製品	食品添加劑	
大宗物資	製糖	大宗物資	麵粉	油脂
	製鹽			
飲料相關	非酒精飲料	釀造酒	啤酒	葡萄酒
	白酒	飲料相關	蒸餾酒	
石化業	PVC	PE	DOP	芳香烴
	SM	ABS	PS	塑膠皮布
	PP	烯烴	塑膠加工	PA
	瀝青	石化業	EVA	
化纖原料	AN	聚酯纖維	聚酯絲	聚酯加工絲
	聚酯棉	紡織用聚酯粒	瓶用聚酯粒	寶特瓶
	尼龍粒	尼龍加工絲	尼龍絲	亞克力棉
	亞克力紗	化纖原料	EG	PTA
	CPL	粘膠	氨綸	芳綸
	聚丙烯纖維	再生纖維	半合成纖維	

食品飲料類 ▾ 飲料相關 ▾ **相關公司股價表現**   報酬計算日期：02/22

股票名稱	最後交易日期	收盤價	漲跌	漲跌幅	近一週報酬	近一個月報酬	近二個月報酬	近三個月報酬	今年以來報酬
1201味全	2024/02/22	18.70	0.00	0.00%	0.54%	1.36%	-1.84%	-3.11%	-1.84%
1203味王	2024/02/22	54.40	0.00	0.00%	-0.37%	-3.55%	1.87%	8.15%	-4.39%
1213大飲	2024/02/22	7.10	0.02	0.28%	-1.80%	-1.25%	-3.66%	3.20%	2.60%
1216統一	2024/02/22	76.50	-0.30	-0.39%	4.08%	8.36%	4.65%	6.55%	2.68%
1217愛之味	2024/02/22	12.05	0.00	0.00%	1.26%	2.99%	0.84%	1.26%	0.00%
1218泰山	2024/02/22	21.05	0.10	0.48%	2.43%	1.45%	-4.54%	-1.41%	-6.44%
1234黑松	2024/02/22	40.10	0.05	0.12%	0.75%	0.75%	0.00%	2.82%	-0.99%
1256鮮活果汁-KY	2024/02/22	267.00	5.00	1.91%	7.66%	16.34%	8.32%	4.71%	10.56%
1737臺鹽	2024/02/22	34.65	0.10	0.29%	1.61%	2.21%	1.32%	1.61%	1.32%
3555博士旺	2024/02/22	33.30	0.10	0.30%	-6.20%	-3.67%	3.74%	5.38%	3.74%
5902德記	2024/02/22	33.65	-0.30	-0.88%	3.22%	-1.46%	-4.13%	-3.03%	-4.27%
910322康師傅-DR	2024/02/22	16.20	0.20	1.25%	3.51%	7.28%	-14.29%	-22.67%	-15.18%

資料來源：Money DJ

ⓢ 產業屬性不同 好公司不一定要買

我自己關注的是可以站穩台灣市場、成熟型產業的龍

頭公司，有些公司甚至在全世界排名也是佼佼者，因為大型產業龍頭的財報數據，很難表現不好，很多是連續 10年、20 年都年年賺錢；相對的，小型產業的龍頭公司財報數字，容易上下起伏較大、漂浮不定。

此外，新創公司通常是我不熟悉的領域，對別人來說這類公司不是不能投資，但因為超過我的能力圈之外，所以我不碰。我比較不喜歡的股票，是指我「個人」不喜歡而已，如果你對這類的股票比較有研究的話，你也可以去投資。

我不喜歡的股票，都是有原因的，總結來說，我比較不喜歡的股票包括 5 大類型，分別是：景氣循環股、四大慘業、國外公司（KY 股、TDR）、新創產業（如生技、機器人）、營建股。

景氣循環股 無法年年賺錢

航空股（華航、長榮航）或是航運股（例如長榮、陽明、KY- 慧洋），都屬於景氣循環股。我選股的篩選標準，第一要求就是「年年賺錢」、「年年發股息」的公司，而景氣循環股光是沒有「年年賺錢」這個條件，就不會是我

青睞的股票，更別說大型景氣循環股的循環如果是 10 年一輪的話，要等 10 年才有逢低買進的機會，也就不可能年年發股息，當然不會是我持有的股票。

四大慘業 國際競爭力不足

所謂的「四大慘業」指的是 DRAM、面板、太陽能、LED 產業相關股票。

巴菲特有一句話說：「如果可以跨過 1 呎高的樹叢，就不要去跳過 5 呎高的叢林。」這句話的意思是——事情挑簡單的做、量力而為。當然有些人會帶著「沙坑裡藏有金幣」的挖寶想法，想說：「或許『四大慘業』裡會有好公司。」我想也許會有，但何苦執著在困難的產業挖寶？從簡單的產業下手，豈不是更容易？

有一些產業的難度特別大，壞股票特別多、好股票特別少，「四大慘業」就是如此！因為這 4 個產業最賺錢的公司都是外國公司，而非台灣公司，也就是說，即使相關企業在台灣已經屬於這 4 個產業的龍頭公司，但實際上在世界的占比表現並不是特別好，甚至有可能是虧錢的！

以面板業為例，在台灣會想到友達（2409）和群創

（3481），但如果和韓國的三星（Samsung）相比，中間可能有非常大的落差。尤其台灣面板廠彼此廝殺嚴重、利潤很低，不少公司幾乎都處於虧錢狀況。所以，「四大慘業」我一概不碰！

外國股票 KY 股和 TDR 風險高

我不喜歡投資的外國股票，包含2種類型——KY 股和 TDR。KY 是英屬開曼群島（The Cayman Islands）的簡稱，KY 股是指在其他國家註冊登記的企業，沒有在國外上市，而是選擇台灣作為第一次上市公開募資的地點，這類公司在名稱後面都會加上 KY 兩個字母，例如康友 -KY（6452）、慧洋 -KY（2637）。

另外，DR 是 Depositary Receipts 的縮寫，意思是信託憑證，意指在外國是上市櫃企業，但是在台灣再發行「憑證」，持有憑證就等於持有一定比率的股票。憑證信託的命名方式依發行地來區分，例如台積電（2330）是台灣的上市公司，屬於第一上市，台積電 ADR 則是在美國發行的憑證，A 代表美國，屬於第二上市；而在台灣發行憑證的公司，亦可稱為 TDR，其中 T 代表 Taiwan，股票代

號是 91 開頭，像是康師傅 -DR（910322）、泰金寶 -DR
（9105）。

　　這 2 種股票很容易讓人踩雷，尤其是 TDR，幾乎是每
4 ～ 5 支股票就會有 1 支下市，所以我覺得買這類型股票，
就很像走在地雷區，每走 4、5 步就會踩爆 1 個地雷。

　　另外，我不選擇營建股的理由和航運股是一樣的，它
也屬於大型景氣循環股，所以我會避開，而新創產業（如
生技、機器人）不在我能力圈內，我同樣敬而遠之。

> **艾蜜莉的小資致富之道**
>
> 　　如果你藝高人膽大，要選擇 KY 股或 TDR 投資也不是
> 不行，運氣好的、選對了，也是可以賺很大。但是對我來
> 說，這種爆掉機率偏高的族群，就算有好股票，我還是會
> 選擇避開。

⑤ 不懂景氣週期 一不小心就套 10 年

　　我想進一步說明，為什麼我選擇避開景氣循環股？在
艾蜜莉觀察名單中，很多企業只要股價跌到便宜價以下，

只要我判斷企業未來可以維持正常營運，不會變成壞股票，通常我都會勇敢買進！但是，有一種股票，如果你現在買進，之後可能會跌10年，它不是地雷股，它是景氣循環股！

如果你對景氣循環股的特性沒有研究，當你發現到達便宜價的時候，還想往下買，風險其實是非常高的，為什麼呢？

一般來說，景氣循環股的特色，就是循環週期比較長，而且有些是很長！大的景氣循環大約30年，小的景氣循環也可能超過10年，產業的供給和需求面經常嚴重不協調，而且通常和大宗原物料有相關，像是水泥、塑化、鋼鐵、造紙……這些產業都屬於景氣循環類股，它會連續多年上漲、又連續多年低迷。

此外，景氣週期還有分擴張期、趨緩期、衰退期、復甦期，如果你沒有特別研究，根本無法判別景氣正處於哪一個階段，萬一只看到便宜價就進場，你不會想到低價還有更低價、高價還有更高價。所以，除非你本來就有研究，不然我一般不建議買進。

⑤ 油電燃氣業具寡占優勢 相對穩健

那麼，傳產的景氣循環股有哪些？水泥業、營建業、航運業、紡織業、造船業、化工業、橡膠業、塑化、油電燃氣業、玻璃陶瓷業、五金製品業、大宗食品原料業等等，其中有很多知名的大型企業，都是景氣循環股。

以橡膠業來說，大家都知道正新（2105）是做輪胎的，正新的配息也不錯，但如果你是因為配息好而買進，卻忽略橡膠產業的週期也是超過 10 年，如果遇到利空消息，你以為可以逢低承接，之後恐怕要等 10 年後，才有機會

圖表2-4 景氣循環股產業及個股一覽表

產業	個股	產業	個股
水泥	台泥、亞泥	橡膠	正新、台橡、建大
營建	信義、長虹	塑化	台塑、台化
鋼鐵	中鋼、中碳、豐興	油電燃氣	台塑化、大台北、新海
航運	裕民、新興、四維航	玻璃陶瓷	台玻
紡織	新紡、年興	五金製品	成霖、三星
造紙	正隆、永豐餘	大宗食品原料	大統益
化工	榮化、和桐		

資料來源：艾蜜莉整理

分批解套了。

大宗食品原料業像是大統益（1232），與之相關的原物料以黃豆居多，原物料價格變化和供需情況有很直接的關係，以台灣來說，常常今年種什麼比較賺錢，明年市場上可能出現一窩蜂類似的農作物，一旦供過於求，價格就會暴跌。

油電燃氣業像是大台北（9908）、新海（9926）這些代號99開頭的股票，俗稱「台股99軍團」。由於天然氣有法規保護，也有民生需求優勢，加上用戶穩定，不少人當成存股標的，但是這類股票股價波動低、成交量偏少。

水泥業、營建業、鋼鐵業和房地產比較相關，即使不是直接關係，也有連動關係，所以當房地產業走下坡的時候，水泥業、營建業、鋼鐵業這些產業可能會受到影響。

另外，華人社會在結婚或小孩滿週歲時，會購買金飾當禮品，而黃金的大循環週期是30年，台灣比較沒有黃金的上市公司，離我們較近的香港有「周大福」，它就是專賣金飾的店家。如果你在50歲買進黃金時，在高點被套住了，等到終於可以解套時，你可能80歲了。

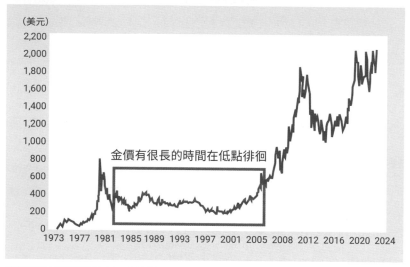

圖表2-5 1974～2024年黃金價格走勢

（美元）

金價有很長的時間在低點徘徊

1973 1977 1981 1985 1989 1993 1997 2001 2005 2008 2012 2016 2020 2024

資料來源：貴金屬交易中心，2024/1/16

⑤ 定存股？成長股？ 景氣循環股2大迷思！

對我來說景氣循環股，既不是定存股、也不是成長股！雖然很多原物料公司是大型企業，但是景氣好、壞時的 EPS 和股利差很大，造成「有些年撐死、有些年餓死」的窘況。所以在我眼裡，景氣循環股不是定存股。

前面提到景氣循環股的循環週期非常長，很多產業 1個大循環，都達 15 年、20 年、甚至 30 年以上！假設大

循環 20 年，大約等於上漲 10 年、下跌 10 年，很多人看到長線上漲 10 年的股票，就會誤認為是「成長股」，但其實它只是剛好處於長線中的復甦期，你看到 EPS 和股價都一直「成長」，當你以為「拉回就是買點」而進場，殊不知景氣循環股就是像海波浪一樣，到最高處時，就是準備要俯衝了！

「艾蜜莉定存股」App 中所標示的「景氣循環股」，指的是「原物料」的景氣循環股，我自己是暫不考慮的。以我的投資策略來說，一檔股票最長持有 3 年左右（大多介於 1 個月至 1 年半），一般股票的週期通常在 3 年內完成，而且績優電子股的漲跌，短則數個月、長則 3 年內；相對的，景氣循環股的股價需要走上幾年的時間，不利活用手上資金。

如果你想要選擇投資景氣循環股，一定要注意大循環週期，萬一選錯時機，很有可能長抱 10 年也解不了套。

2-3
50 檔觀察清單
幫你避開投資誤區

台股上、市櫃公司，不含興櫃就有 1,700 多檔，僅有 7% 是好公司，
如果你選到另外 93% 的公司，那就是散戶長期會輸錢的理由。

「請問一下，小弟最近有在看投資理財頻道，但我是剛投入市場、只會跟單的韭菜新手，台股有幾千支股票，不可能每個都去仔細研究，請問各位大大，都是怎麼找標的的啊？」我很常看到這種新手求救文，因為選股本來就不是一件容易的事。

如果你覺得：①一檔一檔股票，自己抓股價、計算歷史本益比……太浪費時間；②經常套牢，不知道何時才是好的進出場時機點；③股價大跌時，沒有資金可以加碼買

進；④不太關注時事，也沒時間盯盤，那你可選擇站在巨人的肩膀上選股──從艾蜜莉觀察名單選好股，你只要做決策即可。

⑤ 投資找到自由與夢想 免費分享賺錢腦袋

我先來說說「艾蜜莉定存股」App 的由來。「艾蜜莉定存股」App 是一個充滿良善的軟體，它歷時 15 年的開發才完成。一開始，它只是一個簡單的計算買進價 Excel 檔，我把它做好之後，免費放在網路上供大家索取，後來有網友說：「艾蜜莉，這只有買價建議，沒有賣價耶？」於是我開始上網查找各種估價法以及調整參數，耗時 3 個月到半年，這時候「艾蜜莉定存股 Excel」就出現了便宜價、合理價、昂貴價，作為買價和賣價的參考。

本來這個 Excel 只有我和社團少數幾個人在使用，後來在 2014 年我接受《Samrt 智富》雜誌專訪之後爆紅，突然大量網民湧入使用，導致我連結資料的網站也爆量，對方三不五時更改格式，結果網站資料不能用，我的 Excel 也得跟著改來改去。

為了解決問題，後來我在網路上遇到一個工程師，他說只要「艾蜜莉定存股網頁版」提案有 100 個按讚數，他就免費幫我做網頁，沒想到不到半小時，就湧入 300 個人按讚，「艾蜜莉定存股網頁版」因此成型。變成網頁版之後，流量大增，網站維護費用也跟著大幅提高，社團裡有 2 位神秘大哥出資維護這個網站，但我認為這樣下去不是辦法。

此時，我任職的公司也就是 CMoney 理財寶的老闆，跟我提出「艾蜜莉定存股」App 的提案，但是因為我堅持要給大家免費使用，一度跟老闆起了爭執，多年後回想我還是印象深刻，當時我哭著離開會議室。

隔天一大早，我又被老闆叫進會議室，我本來以為這是我在這間公司的最後一天，但沒想到 CMoney 理財寶的老闆居然答應我，「艾蜜莉定存股」App 會有永遠的免費版，能如此大氣答應這件事情，我永遠感謝他！

💲 年年賺錢、年年配息 才是好公司

台股上、市櫃公司，不含興櫃就有 1,700 多檔，僅有 7% 是好公司，如果你選到另外 93% 的公司，那就是散戶

長期會輸錢的理由。所以「艾蜜莉定存股」App 會特別列
出我自己的口袋觀察名單，約有 50 檔，提供給大家參考，
避免大家踩雷。

圖表2-6 「艾蜜莉定存股」App幫投資簡化資訊

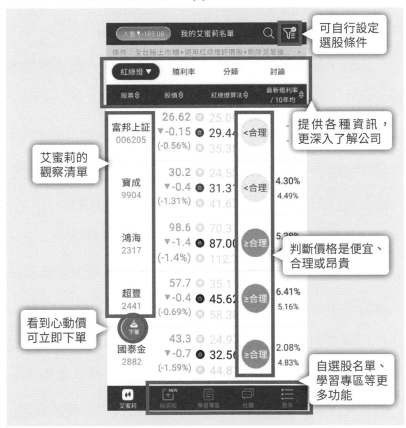

資料來源：「艾蜜莉定存股」App

　　其他不在艾蜜莉能力圈的好股票，「艾蜜莉定存股」App 也提供自選股的功能，讓大家可以自己新增觀察名單；其中使用的「估價法」公式也會清楚說明，大家也可以試著自己計算，在後面單元我會講解。所以，「艾蜜莉定存股」App 不過就像是一台計算機，幫助大家做複雜的計算，再結合艾蜜莉的投資邏輯，找到符合合理價的股票。

　　那麼，艾蜜莉觀察名單中所謂的好股票，到底怎麼選出來的？

① 以上市股票為主，且絕大部分都是從台灣 50、中型 100 成分股挑出來；極少數則是擁有護城河的小型股。
② 必須是長久穩健經營、為股東帶來現金流的公司，換句話說，就是選擇上市 10 年以上、年年賺錢、年年發股息的公司。
③ 挑選穩健的產業龍頭股。有人會問：「龍頭股是只選第 1 名？還是前 3 名？還是前 5 名也可以？」我覺得每一個產業不同，有的產業我認為只有第 1 名才算龍頭公司，有的產業我覺得前 3 名都是龍頭公司，有的產業則是前

5 名都可以被列入龍頭公司。

④不論景氣好與不好，都要能賺錢，這一點很重要！好的
　上市公司不能夠因為景氣不好就不賺錢，要能夠每年發
　股息，才是我心中的好股票。

⑤基本篩選條件：包括適用紅綠燈評價股、便宜價以下、
　合理價以下、剔除景氣循環股。

⑥進階篩選指標：包括體質合格、殖利率 4% 以上、年年
　賺錢、年年發股息、上市 10 年以上、中大型股。

　　以中華電（2412）為例，中華電股本大約 775 億元，
市值非常大，它也是台灣 50 指數的成分股，當你買了這
種大型股票，出錯的機會就相對減少，因為很多投資單位
願意投資這檔股票。再從 App 的「10 大體質評估法」進
一步確認，也是全部通過，加上又是產業龍頭股，中華電
完全符合我心中好公司的標準，所以會成為「艾蜜莉定存
股」App 認定的定存股。至於什麼是「10 大體質評估法」？
會在下一個單元詳細說明。

　　值得注意的是，金融股、營建股、控股公司、ETF 等

類型不適用體質評分，但仍適用估價法。此外，目前「艾蜜莉定存股」App 中所標示的景氣循環股，是指原物料類股，不適用本益比、股利法等估價方式。為了讓大家可以分清楚「個股特性」，在「艾蜜莉定存股」App 的「個股特性」欄位，有標示該檔股票是否為景氣循環股，以免大家踩雷。

圖表2-7 App標示是否為景氣循環股

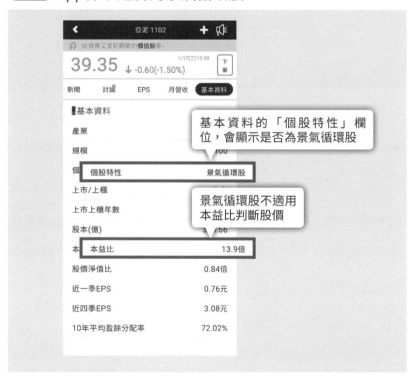

資料來源：「艾蜜莉定存股」App

⑤ 好公司變壞 觀察名單也會變

有人會好奇:「艾蜜莉的選股名單會變動嗎?」選股
名單當然是會變動的!如果好公司變成壞公司我會剔除,
不過在疫情來襲的那 3 年,我沒有從名單中剔除任何一家
公司,反倒是新增了一個日月光(3711);如果追溯到以
前,我曾經在 2016 年剔除奇偶(3356)和大豐電(6184)。

我很少剔除艾蜜莉觀察名單中的個股,尤其不會只因
為公司股價一直大跌,或某季財報表現不好這種理由,就
認定好公司已經變質,通常我會剔除個股的原因如下:

① 企業誠信問題,包括:假財報、掏空案,例如宏碁
  (2353)。
② 產品被新科技取代,產業未來有可能走向永遠的衰退,
  例如佳能(2374)。
③ 企業在競爭趨勢中落敗、在產業排名大衰退、護城河被
  破壞、大量廠商湧進殺價競爭,例如:陞泰(8072)、
  奇偶、大豐電(6184)。

以奇偶為例,奇偶屬於安全監控系統產業,主要的產

品是網路攝影機、監控系統等，安控產業的門檻不高，近年由於中國廠商崛起，競爭情勢已轉為「百家爭鳴」的局面，但奇偶的因應方式，僅是撙節成本、推出平價機型和中國廠商殺價競爭而已。

我認為殺價競爭不是解決問題之道，尤其是門檻低、新廠商可以一直加入的產業，殺價可以殺到沒完沒了，當時奇偶看似沒有提出解決問題的方法，也沒有提出要轉型，因此被我從觀察名單中剔除。

陞泰以前也是台灣安控大廠，面對產業競爭，只有保

圖表2-8 奇偶（3356）股價走勢

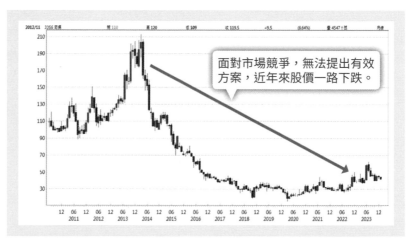

資料來源：CMoney法人投資決策系統

守經營固有產品線，還把多餘的資金一次性發放 20 元股息還給股東，股價直接腰斬。

至於有線電視頻道通路商大豐電，過去被很多人視為定存股，後來數位電視開放可以跨區經營之後，護城河被破壞，市場進入低價廝殺的狀態，殺價競爭後大豐電很難有獲利。此外，消費者收看影視的模式也在改變，新媒體興起，MOD、網路看影片的頻道越來越多元，像我自己結婚搬家後，也沒有在看第四台了，都用網路搜尋我要看的戲劇和影片。

基於上述原因，我認為奇偶、大豐電無力回復往日榮耀，我也無法判斷企業未來的營運情況，就算它們跌到便宜價我也不敢低接買股，所以從觀察名單剔除這 2 支股票，才是上策。

▶ 艾蜜莉的小資致富之道

大家不用擔心依賴「艾蜜莉定存股」App，會導致自己不會選股、不會估價，因為我會在 App 中提供完整解析、說明，而且目前使用這個 App 的人，95% 都是使用免費版。

2-4
10 大體質評估法
只買賺錢的股票

我評估一間公司體質好壞的標準共有 10 個項目，可以助你在投資路上趨吉避凶。第一次看覺得很難沒關係，和我剛學投資時一樣，反覆多閱讀幾次一定可以理解。

我有一次在課堂上請同學找自己能力圈內的公司，其中 2 位同學，一位找了三陽工業（2206）、另一找了華航（2610），選華航的女生長得很漂亮，我問她說：「請問你是空姐嗎？」她說：「對。」她認為那是她上班的公司，屬於她能力圈之內，所以選出華航，她說她以後就要買華航的股票。

我聽了之後，趕緊告訴她：「能力圈範圍內的不一定

是體質正常的公司。」後來這位空姐把華航輸入「艾蜜莉定存股」App，從「體質評估」裡發現，華航近 10 年裡只有 6 年是賺錢的。但是在我的標準裡，一家好公司應該是 10 年裡有 9 年要賺錢，最好是 10 年，10 年都賺錢！

另一個選擇三陽工業的年輕人，他說因為自己喜歡騎機車，但是他把三陽工業輸入「艾蜜莉定存股」App，結果發現三陽工業的「體質評估」竟然是「警示」！他這才知道，不是在自己能力圈內的公司，就是體質正常的公司。

那麼該如何幫公司體檢呢？我評估一家公司體質好壞的標準共有 10 個項目，通過其中 7 個項目的標準，股票體質就會顯示「正常」，否則就會顯示「警示」。我會買進體質正常的公司，遇到顯示警示的公司，若是你有辦法細部查詢、深入了解原因，只要問題不大，可以考慮投資。

雖然金融股、營建股、控股公司、ETF 不適用體質評分，但仍適用估價法，而且「艾蜜莉定存股」App 的資料每季會自動更新。接著我會詳細說明「10 大體值評估法」的指標與合格標準，並以中華電信（2412）為例來實際檢視、應用（圖表 2-10）。如果第一次看你覺得很難，沒關

圖表2-9 10大體質評估法與合格標準

項目	評估條件	觀察指標	合格標準
1	是否年年賺錢？	EPS	近10年有9年EPS＞0
2	是否為燒錢慘業？	盈餘再投資比率	＜200%
		是否為四大慘業	非DRAM、面板、太陽能、LED產業
3	是否體質幼弱？	存續年度	7年以上
		股本大小	＞50億元
		近一季每股淨值	＞15元
4	是否靠副業賺錢？	本業收入比率	＞80%
5	是否業外虧損？	業外損失比率	＜20%
6	是否營收大灌水？	營收灌水比率	＜30%
7	是否現金斷水流？	營業現金流量	＞0
		自由現金流量	＞0
		股利發放次數	10年內至少有8年發放
8	是否欠錢壓力大？	負債比率	＜50%
		流動比率	＞100%
		速動比率	＞100%
		利息保障倍數	至少5倍
		破產指數	＞1.81
9	是否印股票換鈔票？	股本膨脹比率	＜20%
10	是否連內行人都不想持有？	董監和法人持股比	＞33%
		董監事股票質押比	＜33%

資料整理：艾蜜莉

係，和我剛學投資時一樣，反覆多閱讀幾次一定可以吸收理解。

圖表2-10 中華電信（2412）體質評估結果

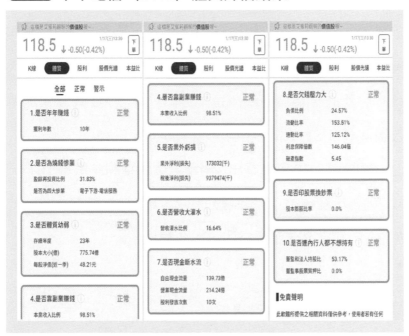

資料來源：「艾蜜莉定存股」App，2024/1/18。

$ 體質評估①》是否年年賺錢？

合格標準：10 年裡有 9 年每股盈餘 EPS ＞ 0

評估一家公司的時候，我第一個最重視的是這家公司

無論如何，每一年都要賺錢！合格的標準就是近 10 年裡，要有 9 年是要賺錢的！

一間公司能不能長久經營下去，賺錢的能力非常重要，所以一般正常的企業應該是年年獲利，只是賺多賺少的差別。我本來在設計這個項目時候，標準是近 10 年要有 10 年都賺錢，但是 App 工程師說這樣的條件太嚴苛，所以，我的合格標準改成是 10 年裡，至少要有 9 年的每股盈餘（EPS）大於 0。

從圖表 2-10 可以看出，中華電信的獲利年數是 10 年，代表 10 年裡有 10 年是賺錢的；如果獲利年數寫 8 年，代表 10 年裡有 8 年是賺錢的，以此類推。

> ## 艾蜜莉的小資致富學堂
>
> ### 每股盈餘＝稅後淨利 ÷ 流通在外的股數
>
> 簡單來講，每股盈餘（EPS）代表公司能幫每 1 股賺多少錢的意思。公式中的「稅後淨利」是企業營收加上營業外收支，再扣除營業成本費用、所得稅後計算出來，能反映出公司實際賺了多少錢。

💲 體質評估②》是否為燒錢慘業？

合格標準 1：盈餘再投資比率＜ 200%

「盈餘再投資」是指企業不斷把盈餘再拿去投資機器設備或廠房，一間公司的盈餘再投資比率太高，代表這間公司買了過多的資產，可能影響投資人的稅後淨利。

盈餘再投資比率是將最近 1 年的財報與最近 4 年相比，比率不能超越 200%，否則就是賺 1 元、花 2 元的概念，這也是我掃除地雷股的重要指標之一。那麼如果盈餘再投資比率為 50% 呢？這代表公司賺 100 元，花 50 元添購資產；若盈餘再投資比率是負數，代表這間公司不只沒有燒錢買設備，還可能因為出售設備而獲利。

中華電信的盈餘再投資比率為 31.83%，這一項在「艾蜜莉定存股」App 中，「是否為燒錢慘業」就會顯示為「正常」。

合格標準 2：是否為四大慘業

台灣的「四大慘業」為太陽能、DRAM、面板、LED，因為這些產業在擴廠的時候，必須燒錢買設備、擴充廠房，最後淪為設備競爭的燒錢慘業。在這個項目中，

中華電信顯示為電子下游的電信服務。

> **艾蜜莉的小資致富學堂**
>
> **盈餘再投資比率＝最近 1 年非流動性資產的**
> **增加金額 ÷ 最近 4 年的稅後淨利總合**
>
> 公式中的「非流動性資產」包含長期投資、固定資產等項目，說明如下：
> 1. 一間公司的長期投資有 2 大類：
>   以財務為目的：例如為了獲取利息收入買入公債或公司債，並長期持有。
>   以經營為目的：例如為了控制某公司以獲取營業上的配合，因而收購並長期持有該公司股票。
> 2. 固定資產包含設備、機器、廠房、不動產等。

$ 體質評估③》是否體質幼弱？

合格標準：
- 上市 7 年以上
- 股本＞ 50 億元
- 近一季每股淨值＞ 15 元

很多剛上市第 1 年、第 2 年公司的表現很搶眼，到了第 3 年就不知道會如何？所以，我會選擇有歷史可以依循的公司，因此上市公司的最低標準是 7 年以上。此外，公

司股本要大於 50 億元、近一季每股淨值要大於 15 元，尤其當一家公司的每股淨值小於 10 元時，會有大麻煩，因為會被取消信用交易，代表這支股票不能融資、融券，成交量會瞬間縮小。

上市櫃時間太短、股價淨值太低、股本規模不夠，體質不夠穩健的企業，一旦遇到景氣低迷或是利空消息，很難撐過。

中華電信的存續年度為 23 年，股本大小為 775.74 億元，這是股本非常大的一間公司；近一季的每股淨值為 48.21 元，所以中華電信在這一部分也是過關的。

⑤ 體質評估④》是否靠副業賺錢？

合格標準：本業收入比率＞ 80%

公司如果未專心經營本業，獲利超過 2 成都是靠不穩定的業外收入得來，萬一下期業外收入減少，整體收益就會受很大的影響。本業收入比率就是用來觀察公司本業獲利能力的強弱，數值越低，表示公司本業的獲利能力越低；數值越高，表示公司本業的獲利能力越強。在體質評估中，

若是本業收入比率超過 100% 或為負值，代表有業外收入或業外虧損嚴重導致影響收益。

大家一定會覺得很奇怪：「為什麼艾蜜莉很要求有本業的收入？難道副業收入不是收入嗎？」

假設今天有 2 個人來跟你借錢，第 1 個人的薪水，本薪是月薪 10 萬元，第 2 個人則打了 5 份零工，月薪加起來 10 萬元。如果要借錢給他們，你會選擇借給誰？一定是借給第 1 個人，因為他的收入穩定，比較有償還能力，而第 2 個人，很難知道是不是每個月都有 5 份零工可以做，相較之下收入不穩定，可能還不出錢來。

所以，我希望公司本業是穩定賺錢，畢竟副業的營收可能比較不穩定。中華電信的本業收入比率是 98.51%，顯示為正常，顯見中華電信是一間幾乎只靠本業賺錢的企業，所以沒有問題。

⑤ 體質評估⑤》是否業外虧損？

合格標準：業外損失比率＜ 20%

上個項目評估的是本業賺錢能力，業外損失則是非本業

產生的虧損，業外損失比率如果過高，代表公司雖然本業賺錢，甚至本業收入比率大於 80% 符合標準，但如果副業虧損過高，可能把本業賺來的錢都賠光，這樣的公司也不好。

所以我們要注意一下一間公司的業外有沒有損失？如果業外損失比率高於 20%，在「艾蜜莉定存股」App 中就會顯示異常；低於 20% 則是正常。

以中華電信來說，業外損失比率項目顯示為正常，以近一季營業外利益 ÷ 近一季稅後淨利算出來的業外損失比率約為 18%。

⑤ 體質評估⑥》是否營收大灌水？

合格標準：營收灌水比率 < 30%

大家會很好奇：「營收要怎樣灌水呢？」如果我們是一般上班族、領固定薪資，發薪日一到，薪水滙入帳戶的數字一清二楚，基本上是沒得灌水的，但是一間公司的營收有辦法灌水，怎麼灌呢？可以從「應收帳款」和「存貨」這兩個部分下手。

企業出貨給銷售通路之後，會給通路一定期間的賒欠

優惠,這個積欠的費用就是企業的應收帳款。應收帳款灌水的方式有 2 種,一種是帳款真的收不回來,另一種卻是用衝高營收的方式讓帳面數字好看。

之前有一間筆電公司,經常大量塞貨給下游通路商,說服他們:「先留著賣,你們也不想客人要買時沒貨吧?賣不出去再退貨沒關係!」而只要把存貨塞給下游通路商,該筆電公司就會「認列營收」,造成營收大增。

剛開始幾年筆電銷售暢旺時這麼做似乎沒什麼問題,營收不斷地增加,股價也跟著水漲船高,但後來筆電市場有點飽和了之後,下游通路商賣不出去紛紛退貨,導致筆電公司「存貨」大增,才發現以前的營收竟然是這樣「灌

> **艾蜜莉的小資致富學堂**
>
> **營收灌水比率=(近 1 年應收帳款+近 1 年存貨)÷ 近 1 年全年營收**
>
> 產品從材料到成為產品的中間過程中,會有原材料、半成品、成品品、周轉材料……各種狀態,這些通通屬於「存貨」。

水」出來的！

　　營收灌水比率合格的標準是要小於 30%，中華電信的營收灌水比率為 16.64%，所以狀態顯示為正常。

ⓢ 體質評估⑦》是否現金斷水流？

> **合格標準：**・營業現金流量＞ 0　・自由現金流量＞ 0
> 　　　　　　・10 年中至少 8 年發放股利

　　現金對一個企業的營運非常重要，所以我會關心公司的現金是否斷水流？在這項指標下有 3 個數字：營業現金流量、自由現金流量、10 年中至少 8 年發放股利（公司有現金才發得出股利），但實務上我最在意的是營業現金流這個數字，標準是有大於零就好了，其他 2 項作為輔助參考即可。

　　營業現金流量是正的，這代表公司真的有賣出商品，也有把錢拿回口袋，不像應收帳款可能是虛的。營業現金流是評估企業營運能力和現金流動性的關鍵指標，我們可以透過營業現金流的分析來了解企業的盈利能力和資金管理狀況。

中華電信在這項評估中,營業現金流量是 214.24 億元,自由現金流量是 139.73 億元,並連續 10 年發放股利,狀態同樣顯示為正常。

艾蜜莉的小資致富學堂

自由現金流=營業活動現金流-投資活動現金流

營業活動現金流是指企業營業過程中產生的現金(如銷售商品)或支出(如支付薪資);投資活動現金流則是指一家企業投資相關的現金收入(提供貸款、出售設備)和支出(如購買設備、投資股票)。

---

⑤ 體質評估⑧》是否欠錢壓力大?

合格標準:・負債比率< 50% ・流動比率> 100%
・速動比率> 100%・利息保障倍數至少 5 倍
・破產指數> 1.811

一間公司經營不善的徵兆之一,就是公司還不起債務!要如何提前觀察到周轉不靈的訊號呢? 「艾蜜莉定存股」App 列了 4 個標準,包括:負債比率、流動比、速動比、

利息保障倍數，但我最關注第 1 項的負債比率，合格標準是小於 50% 就可以了。

①負債比率

負債比率是指一家企業資本結構中負債所占比例的財務指標，用一個簡單的方式來比喻，假設你的總資產是 1,000 萬元、背負房貸 500 萬元，負債比就是 50%。一家公司的負債比率越高，意味著企業面臨較大的還款壓力，而負債比率越低，表示企業相對較少依賴於借款，更多是使用自有資本在運作，財務風險可能較低。

②流動比率

流動比率是用來衡量一家企業短期償債能力的指標，計算方式是流動資產（1 年內可換成現金的資產）除以流動負債（1 年內要償還的債務），流動比率越高，代表企業在短期還款能力上，越沒有壓力。

③速動比率

速動比率是指企業在不考慮存貨的情況下，是否能夠應付短期債務，是更嚴格評估企業償債的現金能力，因為像手機、筆電這類科技產品變動非常快，半年沒有賣掉就

會掉價，甚至可能賣不掉，無法替公司帶來現金。速動比率越高，表示企業有足夠的速動資產（如現金）來支付短期債務。

④利息保障倍數

至於利息保障倍數是用來衡量一家企業支付負債利息的能力，數值越高代表企業的償債能力越好。試想：一家企業只能繳 3 次利息，另一企業可以繳 10 次利息，誰的財務狀況比較好？當然可以繳 10 次利息的企業比較好。所以，一家企業的利息保障倍數數值越高，代表企業體質是健康的。

⑤破產指數

破產指數是紐約大學奧特曼教授，在 1968 年提出的 Z-score 模型。她利用美國破產和非破產的企業案例，篩選出 5 個財務比率，並給予不同的權重，最後計算出一組綜合風險評分，這個比率自推出以來，預測準確率高達 72% ～ 80%，當破產指數小於 1.81，代表公司 95% 機率在未來 2 年內破產。

中華電信的負債比率為 24.57%，流動比率為

153.51%，速動比率為 125.12%，利息保障倍數為 146.04
倍，破產指數 5.45，以這樣的數據來看，中華電信近一季
在此項目各個標準都是很健康的。

$\$$ 體質評估⑨》 是否印股票換鈔票？

合格標準：股本膨脹比率＜ 20%

股本膨脹比率是指公司發行新股，對現有股東持有的
股份所造成的影響程度。

假設一個家庭裡，爸爸的收入不變，但是卻一直生小
孩，代表家中每一位成員可以分到的資源和錢就會越來越
少。同理可證，當一間公司股本一直不斷膨脹，但是獲利
沒有跟著股本膨脹而增加，EPS 就會變少，股價也因此容
易下跌。

此外，有些公司因為缺錢，不斷辦理增資或發行可轉
債去跟股東要錢，同樣也會導致股本膨脹，長期下來就會
稀釋獲利，這也是為什麼企業股本不要膨脹太高比較好的
原因。

中華電信近一季的股本膨脹率是 0，代表中華電信在

過去一季沒有發行新的股票，這個項目的狀態也顯示為正常。

⑤ 體質評估⑩》是否連內行人都不想持有？

合格標準：・董監和法人持股比 > 33%
　　　　　・董監事持股質押比 < 33%

一般來說，一間公司的內部董事、監事，都會是對公司營運狀況最了解的人；另外，專門研究上市公司的 3 大法人，包括投信、外資或是券商，他們對一間公司的了解程度，也會比我們這些市井小民還要多。如果一間公司的董、監事和 3 大法人都不願意持有股票，兩者加起來的持股比率低於 33%，我們就可以合理懷疑這間公司是不是有問題？

再來，如果董、監事既然持有了，卻又把股票質押出去，那還不如不要持有，我的判斷標準是，董監事持股質押比高於 33%，就是不正常。

以中華電信為例，董監和法人持股比為 53.09%，董監事股票質押比為 0，等於是沒人去做質押的動作，狀態顯

示正常。

　　這麼多的指標，有些參雜財報中的專有名詞，你不用擔心記不起來，因為在「艾蜜莉定存股」App 的「體質評估」中，旁邊都有一個「i」，如果大家忘記指標的解釋或是計算方式，你只要按「i」就會跳出說明，同時會幫大家計算出 10 項體檢指標的數字，只要你可以理解其中的意義，就更能夠在投資路上趨吉避凶。

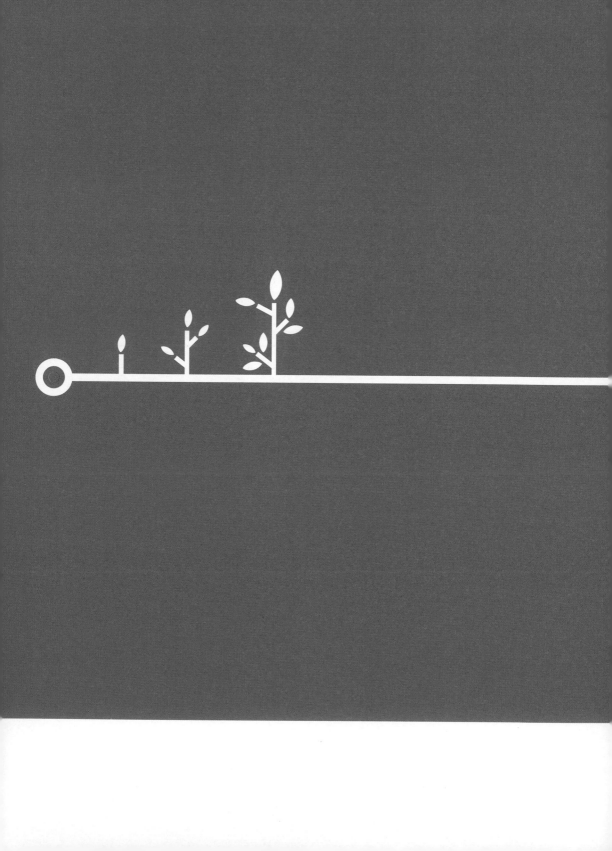

3.

3 招買在好價格
不怕套在山頂上

3-1 算股①紅綠燈估價法
好股票不能買貴
找到進場便宜價

我的投資方式第一步是挑出好股票，第二步就是買在好價格。我透過 4 種估價法，找到值得出手的投資機會。

．．．

每到寒冷的冬天，家庭主婦們在超市買各種火鍋食材，為的是煮一爐熱騰騰火鍋，溫暖家人的心和胃。不少人在挑選食材時：「雞蛋 1 盒 80 ～ 110 元左右，嗯，現在特價 70 元還真划算，多買 1 盒好了。火鍋牛肉片 1 盒 150 元，好像漲價了，那改吃豬肉火鍋片。青菜一把 15 元……」

買股票和買東西一樣，我們都應該衡量「價值」與「價格」之間的高低，以免買貴了。所以，我的投資方式第一

步是挑出好股票，第二步就是買在好價格。你可能會想：
「我又不是金融專家，該怎麼算出股票價值呢？」其實多
數人都不是專家，要算出股票的合理價格，不需要懂很複
雜的金融模型，透過簡單的估價法，你也有機會買到好
股票。

如果你和我一樣，不是從事財務相關職務或非就讀財
務科系者，第 3 章要介紹我判斷買進價位的 3 種估價法：
紅綠燈估價法、本益比河流圖、股價光譜，3 種方法的使
用時機不同，適用股票也不同，我會一一講解。這個小節，
先來介紹紅綠燈估價法。

先說明一下，各種估價方法的公式、專業名詞背後代
表的意義，在網路上都可以輕易地找到，這裡我只做簡單
的介紹，重點是讓大家知道怎麼判斷數字高低的意義，用
便宜、合理的價格，買進好公司股票。

$ 大盤指數高檔震盪 不易買到便宜價

紅綠燈估價法指的是，在「艾蜜莉定存股」App 中，
當股價處於便宜價時會顯示綠燈；當股價處於合理價時會

顯示黃燈；當股價處於昂貴價時會顯示紅燈。採用紅綠燈估價法找買點時，我通常會在綠色的便宜價分批買進，當股價漲超過合理價（黃燈）、昂貴價（紅燈），或是獲利來到自己預設的滿足價位，例如 20% 以上時，就可以考慮分批賣出。

圖表3-1　艾蜜莉常用的3種估價方法

項目	紅綠燈估價法	本益比河流圖	股價光譜
示意圖	● ○ ●	〰〰	▬▬▬
投資屬性	保守	穩健	積極
適用股票	艾蜜莉觀察清單	・4%殖利率以上 ・穩定本益比區間波動 ・處於歷年低價區	・指數型ETF，如0050、0056 ・產業龍頭股（可參考艾蜜莉觀察清單）
使用方法	・便宜價或合理價時分批買入 ・合理價或獲利來到滿足點，分批賣出	・買在紅綠燈估價法的合理價（含）以下 ・近10年及當年殖利率在4%以上 ・便宜價時分批買入 ・合理價或獲利來到滿足點，分批賣出	・股市高檔時，積極型投資人用來找買點 ・近10年及當年殖利率在4%以上 ・股價小於光譜便宜價分批買入 ・股價大於光譜合理價分批賣出
其他	不一定適用於所有股票	當股市來到高檔，透過本益比河流圖輔助，能增加相對安全買進機會	此方法參考近1年相對短週期的資料，務必做好功課

資料來源：艾蜜莉

不過，近幾年來大盤指數在 15,000 點到 19,000 點之間震盪，2024 年 3 月還站上 2 萬點，由於指數已經高了，組成指數的權值股股價居高不下，幾乎很難買到便宜價了，因此這 3 年我也改善了一些使用方式！

新的使用方式，就是當股價落在合理價左右，加上符合殖利率 4% 以上的條件，就可以買入。也可以再配合另外 2 種估價法——本益比河流圖、股價光譜的低點，就有更多進場機會。

> **艾蜜莉的小資致富之道**
>
> 　　挑到好公司、股價也符合進場標準時，買進股票時也要做好資金控管。
>
> 　　當大盤在歷史高檔區間，建議紅綠燈估價法投入資金占比 10% ～ 20%，股價光譜投入資金占比 10% ～ 20%、定期定額大盤型指數 ETF 資金占 10% ～ 20%，投資美股資金不超過 20%。這樣總投入資金為 50% ～ 80% 之間自由調配，保留一些資金於未來有利空時可以再投入。

💲 4 種估算方式 判斷股價高低

但是，所謂的便宜價、合理價、昂貴價是怎麼算出來

的呢？我會用市場上常用的 4 種股價估算方式計算後，綜合參考。這 4 種方法分別是：股利法、歷年股價法、本益比法、股價淨值比，你可以不必死背各種估價法的計算公式，「艾蜜莉定存股」App 中都幫大家算好了，但你應該了解其中含意，投資才會進退有據。

圖表3-2 綜合4種方法估算股價

便宜價		合理價		昂貴價	
股利法(當期)	13.50	股利法(當期)	18.00	股利法(當期)	27.00
股利法(十年)	31.35	股利法(十年)	41.80	股利法(十年)	62.70
歷年股價法	38.62	歷年股價法	46.54	歷年股價法	54.53
本益比法	32.80	本益比法	48.67	本益比法	73.52
股價淨值比法	39.72	股價淨值比法	48.43	股價淨值比法	62.31
平均評價	31.20	平均評價	40.69	平均評價	56.01
安全邊際折數	8折	安全邊際折數	8折	安全邊際折數	8折
折後評價	24.96	折後評價	32.55	折後評價	44.81

資料來源：「艾蜜莉定存股」App

估算法① 股利法

我通常會用 2 種平均股利估算股價，一種是當年的平均股利，另一種是近 10 年的平均股利，但其實原理都是相同的，判斷標準如下（公式中 15、20、30 是我自己用的參數）：

①股利 ×15 ＝便宜價；

②股利 ×20 ＝合理價；

③股利 ×30 ＝昂貴價。

　　這是什麼意思呢？簡單來講，假設一支股票每年發放 2 元股利，發個 15 年，你就回本了。所以，花 15 年回本是便宜價，花 20 年才回本是合理價，要花 30 年才會回本的話，就是昂貴價。

　　或者假設一間新房子，你租出去給別人 15 年就回本，這就是便宜價；花 20 年才回本是合理價；但你把房子租給別人，要花 30 年才會回本，新房子都變成舊房子了，那就是昂貴價。

　　每一種評價股票的方式都有優缺點，例如：平均股利法用來評價某些成長股，就可能不適當，因為當公司處於快速成長的階段，可能保留現金用來擴張設備或廠房，配發的股利不多，這類公司以股利回推股價，會造成股價被低估。

　　股利法最適用在中華電信（2412）這類每年配發利息

圖表3-3 中華電信（2412）股利政策穩定　　　　　單位：元

年度	2013	2014	2015	2016	2017	2018	2019	2020	2021	2022
股利	4.53	4.86	5.49	4.94	4.80	4.48	4.23	4.31	4.61	4.70

資料來源：CMoney法人投資決策系統，四捨五入至小數點第2位。

穩定的個股，這種個股也較符合巴菲特價值投資中所謂的雪球股。

估價法② 歷史股價法

　　歷史股價法很簡單，顧名思義是用個股過去的股價表現，來計算便宜價、合理價和昂貴價，我採用的是 10 年股價，計算公式如下：

①每年最低價的平均＝便宜價；
②每年平均價的平均＝合理價；
③每年最高價的平均＝昂貴價。

估算法③ 本益比法

　　本益比是投資者常用來評估一支股票是否被高估或低估的指標之一，計算方式是股價 ÷ 每股盈餘（EPS），一

般認為本益比在 15 倍上下，股價處於合理範圍，本益比過高，則代表股價可能被高估。

從本益比的公式反過來算，股價＝ EPS× 本益比，我修正之後改為：

① EPS× 歷年最低本益比平均值＝便宜價；

② EPS× 歷年平均本益比平均值＝合理價；

③ EPS× 歷年最高本益比平均值＝昂貴價。

本益比法適合用在 EPS 穩定成長的公司，如果一間企業進入衰退期或是 EPS 不穩定的話，就不適用，此外，景氣循環股也不適用本益比法，因為景氣循環股在過熱時，EPS 很高，有時反而本益比很低，利用本益比法來評估景氣循環股，很容易過度高估股價。

估算法④ 股價淨值比法

股價淨值比（PB Ratio）是用來看公司股票價格相對於實際淨值高低的指標，這裡的淨值是指公司資產減去負債後的餘額，股價淨值比計算方法很簡單，就是把公司的

股價除以每股淨值。

　　一般來說，當股價淨值比小於 1，代表一家公司的股價小於淨值，潛在報酬較高；股價淨值比大於 1，代表一家公司的股價大於淨值，潛在報酬較低，此時不建議買進。我慣用的評估方式是：

①最近一季淨值 × 每年最低 PB 的平均值＝便宜價；
②最近一季淨值 × 每年平均 PB 的平均值＝合理價；
③最近一季淨值 × 每年最高 PB 的平均值＝昂貴價。

⑤ 剔除極端值 避免誤判價格

　　至於 4 種估價法的使用時機，如果是定存股，我會採用股利法，因為這類股票發放的股利很穩定；景氣循環股我採用股價淨值比法；如果是一般股，我就用綜合評價法，也就是把所有的方法加起來平均計算。要提醒的是，投機股、轉機股、成長股這類型的股票，可能就不適用我採用的估價法了。

　　此外，由於「紅綠燈估價法」，是用上述 4 種估價法

混合平均之後，所評估出來的價位，但是每一種估價法計算出來的價格不一定一樣，有些估價法的估價會特別低或特別高，這會影響到平均值。就好比你的資產跟鴻海集團創辦人郭台銘的資產拿來平均，你也會變成「億萬富豪」，這種結果就會失真。這時候我會剔除極端值，這樣的估價比較準確，也比較有意義。

該如何剔除估價法中的極端值呢？在「艾蜜莉定存股」App 中的觀察股票，已經幫大家剔除極端值了，但是有人喜歡在 App 加入自己的觀察股，只能自己動手剔除極端值。

以廣達（2382）為例，如果以當期的股利計算來看，便宜價是 90 元，但是以 10 年期的股利估價法來看便宜價應該是 65.33 元，再看到歷年股價法的便宜價是 56.87 元，顯然當期股利法估出的 90 元，明顯大過其他數字很多，這時候就應該把當期股利估價法關閉（圖表 3-4）。

你可能會疑惑：「萬一 4 種方法，卻估出 4 種不同價格，要以哪一個價格為準？」由於各種估價模式各有優缺點，雖然不用背公式，建議你要了解每一種估價模式的內在意

圖表3-4 剔除極端值 估價才不失真

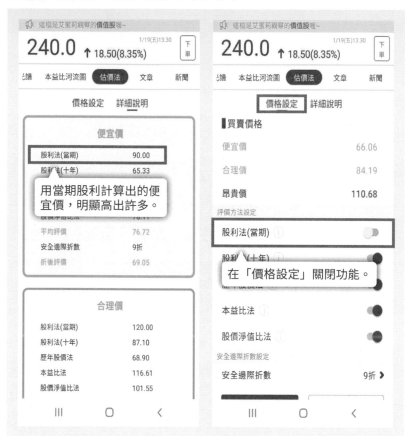

資料來源：「艾蜜莉定存股」App

義，才不致於誤判！

以我來說，我會使用「混合模式」，就是取一個平均值，或取最大的幾個值和最小的幾個值平均。如果你的投

資策略更謹慎、更保守的話，你可以再設定更高標準的「安全邊際」價格，把以上混合模式的值再打 9 折或 8 折。

我透過以上的估價法，找到值得出手的投資機會，我相信大家只要透過學習、互相討論，並且做到「獨立思考」這一點，每個人的投資之路都可以越來越進步。

3-2 算股②本益比河流圖
大盤在高檔區
善用輔助指標進場

使用本益比河流圖的原因，就是希望在大盤高檔之際，還是能用相對合理的價格買到好股票，多了這項輔助觀察的指標，投資就有更多把握。

我常常聽到網友說：「艾蜜莉，我只要聽到財經用語就頭大，連大家說很簡單的『本益比』計算公式，常常是背了又忘記，我不是不想學，是下班後實在沒腦力記這些數字，怎麼辦？」的確，要分析一家公司的本益比，必須同時研究股價、盈餘等資料，才能看出本益比其中意涵，實在很麻煩。

但是，大家不用緊張，即使你跟我一樣都不具有財經

相關背景，也可以透過「本益比河流圖」輕鬆判斷股價現在有沒有進場時機？

前面提過，本益比是一種評估股價高低的方式，把一家公司的股價除以每股盈餘（EPS），就能算出本益比，可以幫助投資人判斷股價是不是已經變便宜？通常本益比越小，代表股價相對便宜，這也是價值投資很重要的一個判斷依據。

把連續的本益比數字畫成圖，就變成了「本益比河流圖」，它同時呈現股價走勢與本益比位階，透過顏色分區，投資人能一眼看出現在的股價，是處在適合買進的價位？或是已在高點需要賣出？

為什麼要用本益比河流圖？因為大盤指數在相對高檔的時候，股價短期內很難出現便宜價，所以我試圖加入本益比河流圖來輔助，這些年經過多次實際執行之後，我發現效果還不錯。

💲 用本益比河流圖 須符合 3 要件

但是，使用「本益比河流圖」是有條件的：①獲利穩

定的公司；②在產業間屬於領導型的公司；③穩定的本益
比波動。個股要符合上述 3 種條件，我才會使用本益比河
流圖來投資，因為當符合條件時代表股價回歸均值的機率
較高。

如同紅綠燈選股法一樣，紅燈停、綠燈行、黃燈要小
心，本益比河流圖從高到低共有 5 個區間，以紅、橙、黃、
淺綠、深綠為代表顏色，本益比過高為紅色、次高為橙色、
中間值為黃色、次低為淺綠、偏低為深綠色，而我的買進
策略為：股價來到綠色區域分批買進、橙色或紅色區域分
批賣出。

而且，進場條件符合以下 4 點，更能降低買貴的風險：
①在艾蜜莉觀察名單內的股票，但如果是你非常有把握的
　自選股，也可以。
②殖利率 4% 以上，萬一股票沒漲賣不出去，放著也能領
　4% 股利。
③股價走勢最好呈現波浪狀，代表這是可以回歸均值的
　股票。
④股價最好位在歷年低價區附近。

圖表3-5 本益比河流圖使用方式

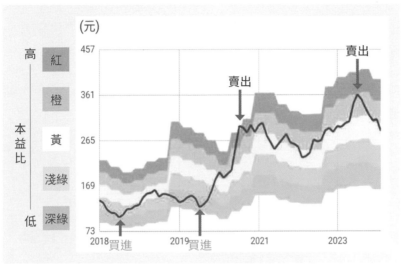

資料來源：「艾蜜莉定存股」App

⑤ 看圖按紀律操作 獲利機率高

我以 2019 年買進的鴻海（2317）和台達電（2308）為例，當時我買進後，有網友問：「為什麼鴻海還沒到便宜價時，艾蜜莉卻買進了？」我們來看看圖表 3-6，大家就可以明白了。

我在 2019 年 6 月 6 日以 71 元買進鴻海，雖然紅綠燈估價法股價沒有來到便宜價，但卻在本益比河流圖淺綠色區間，而且是當時近 5 年最低的位置，殖利率也符合 4%

以上的條件，所以我毫不猶豫就買了。一直等到 2021 年
3 月 23 日才賣出，這期間股價最高曾經來到 134.5 元，落
入紅色或是橙色區間的時候，我選擇分批賣出。

圖表3-6 鴻海（2317）本益比河流圖

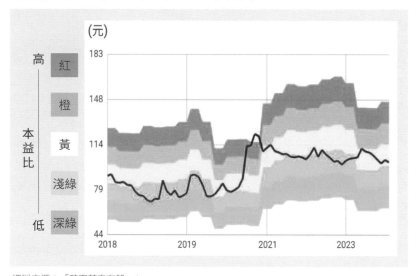

資料來源：「艾蜜莉定存股」App

再來看到台達電，我在 2019 年 10 月以 139 元買進，
同樣的，雖然股價沒有來到便宜價，但卻在本益比河流圖
的深綠色區間，殖利率也符合 4% 以上的條件，如果股價
又再下跌，我認為那是不錯的買點。

到了 2021 年 7 月 15 日台達電股價最高來到 335 元，落入橙色區間，我按紀律開始分批賣出。如果台達電的操作策略有確實依照本益比河流圖來進行的話，可以賺超過 1 倍以上。

圖表3-7 台達電（2308）本益比河流圖

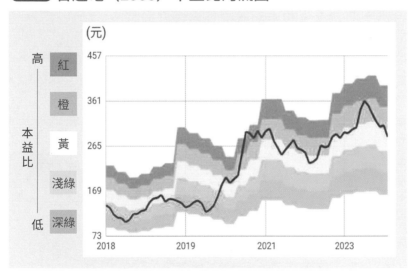

資料來源：「艾蜜莉定存股」App

💲 4 類型股票 不適用本益比河流圖

雖然本益比河流圖可以輕鬆輔助判斷進出場時機，但是以下 4 種類型的股票不適用本益比河流圖。

①股價高低區間狹窄

股價高低點區間過於狹窄、沒有大波動，即使買在低本益比區，也不容易出現較明顯的價差獲利。

以圖表 3-8 為例，從 2018 ～ 2023 年間，圖中本益比河流圖的股價幾乎一直落在深綠區，沒有什麼起伏，沒有明顯的價差空間，不適用本益比河流圖。

圖表3-8 股價波動區間不大的本益比河流

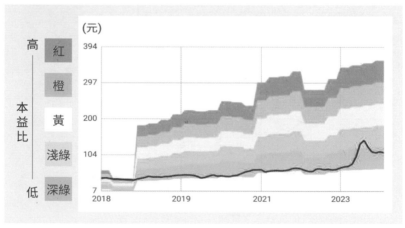

資料來源：「艾蜜莉定存股」App

②股價持續往下

當企業受到短暫的利空，導致股價超跌就會浮現投資

價值;但如果股價持續向下時,我們不能見獵心喜,要保守看待,也許該企業整體基本面已經改變,但還沒有確定的消息傳出罷了。

圖表 3-9 的個股,股價自 2018 年後持續下跌,本益比也持續往下,不適合用本益比河流圖作為進場依據。

圖表3-9 股價持續往下的本益比河流圖

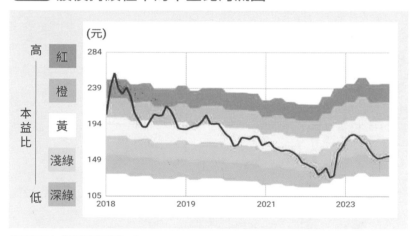

資料來源:「艾蜜莉定存股」App

③股價持續往上

股價持續上揚的成長股,也很難透過本益比河流圖找到合適的買賣點。因為股價持續上漲的股票,可能剛好搭

上新的產業、市場，或是原有的商品突然引爆新需求，可能是預期心理的「想像空間」驅使資金追逐，進而讓股價一路上漲，也因此難以找到合適的買賣點；好不容易等到本益比區間的買點時，可能已經喪失成長動能。

以圖表 3-10 為例，該股的股價從 2019 年後持續上漲，只有一陣子碰到綠色區間，當時沒有來得及搶進的話，其他時間早已脫離綠色區塊，也都不適合買進了。

圖表3-10 股價持續上漲的本益比河流圖

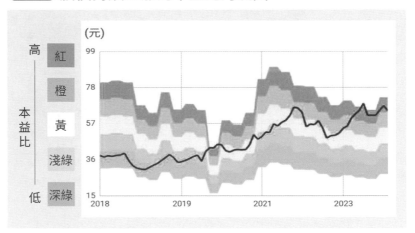

資料來源：「艾蜜莉定存股」App

④景氣循環股

景氣循環股受景氣影響，情況大好或大壞，因此也不適用本益比河流圖來判斷。

記住，使用本益比河流圖的原因，就是希望在大盤高檔之際，還是能用相對合理的價格買到好股票，多了這項輔助觀察的指標，投資就有更多把握。

艾蜜莉的小資致富之道

除了不是每一檔股票都適用本益比河流圖，我自己也只會用在「艾蜜莉觀察股」的名單，我的步驟是：①觀察名單中是否有便宜價、合理價的股票？②沒有的話，就找殖利率 4% 的個股；③該股票是否適用本益比河流圖。

不在名單內的股票，我沒有特別研究，自然也就也不會透過本益比河流圖來判斷買、賣點了！

3-3 算股③股價光譜
遇連續大多頭年
積極增加資金效率

即使股市在高點，還是有好價格可以買。尤其遇到不理性的漲勢，
透過股價光譜，可以在大多頭年找到更多進出場機會！

我在上課的時候，常常遇到很多投資朋友跟我說：「艾蜜莉，近幾年股市都一直處在高檔位置，雖然有找到好公司，但沒好價格可以買，有時候手真的很癢，快要忍不住，就差點買下去了……」

的確，自 2022 年 1 月 5 日，全球股市先後創下歷史新高，台股也在 2024 年 2 月一度在盤中站上 20,000 點，雖然隨後又拉回整理，在我寫稿時依舊在 19,000 多點高檔震盪，面對大盤來到 30 年的新高，難道只能乾瞪眼嗎？

其實，大家不用心急，即使股市在高點，還是有好價格可以買。尤其遇到不理性的漲勢，可以用另一套評估方式找到相對低點投資——透過「股價光譜」，可以在大多頭年找到更多進出場機會！

💲 大多頭年 用較積極方式操作

股價光譜是使用統計學的方式，將過去一段時間的股價區分出高低區間，光譜低價區間代表股價跌幅相對較大的位置，可以進場投資。「艾蜜莉定存股」App 的股價光譜又分為半年期、1 年期、3 年期、5 年期和 10 年期，在大多頭年，我會使用 1 年期的光譜找買點。

假設選擇 1 年期的時間，股價光譜就會將過去 1 年的股價高低點分割成 4 個顏色區間，由高至低分別是：紅色、橙色、黃色、綠色，綠色代表買進區間，橙色可以分批賣出，直到股價漲到紅色區域的昂貴價。

透過股價光譜，可以看出目前股價所處水位，但因為股價光譜是採用類似歷史估價法的方式算出高低區間，只適用在均值可以回歸的股票或大盤型 ETF，例如 0050、

0056。

那麼，股價光譜如何操作應用？

圖表3-11 股價光譜示意圖

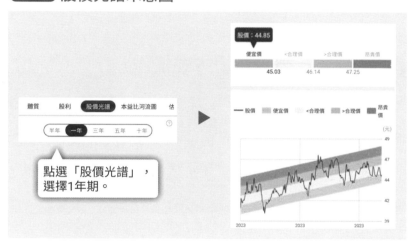

資料來源：「艾蜜莉定存股」App

①選擇光譜時間

積極投資人可以選擇使用 1 年期光譜，保守投資人可以使用 3 年期光譜。此外，大多頭年不易找買點，可以選擇 1 年期積極操作。

②進出場時機

接近或進入綠色區間，加上 10 年平均殖利率在 4% 以

上的個股，透過自己對這間公司的理解，考慮是否分批買入；股價來到橙色或粉紅色區域時，分批賣出。

③ ETF 買進時間

接近綠色區間分批買進，到橙色區間或粉紅色區間以上分批賣出。

⑤ 牢記 3 要件 不要看到便宜價就買

原則上，股價光譜一樣是綠買、紅賣，但不是在綠色區間的便宜價就趕快買！雖然股價光譜可以創造較多的買進機會，大幅提升資金使用效率，但畢竟大盤處在高點，買進時要更謹慎，最好還要符合以下 3 要件，判斷才不會失準。

①基本面穩健的產業龍頭股

我的初衷畢竟是投資價值股，所以會把股價光譜通用在產業龍頭股、艾蜜莉觀察名單的個股或是大盤型的ETF。至於其他股本太小或是非績優股的股票，我都不考慮採用股價光譜（當然，如果你對於研究的個股很有把握，那沒問題）。

此外，如果想要更穩定的獲利，可以選穩定配息的個股來投資。

穩定配息代表只要公司不倒閉，我們就可以擁有源源不絕的現金流，假設在大多頭時買進這類股票後股價開始下跌，等待股價回升的過程中，穩定的配息意味著我們可以持續領現金來生存，大幅降低投資帶來的生活壓力。

②長期股價趨勢下跌不能碰

萬一遇到股價下跌，我會建議先看3年期、再看1年期股價光譜，才做決定；不管是3年期或是1年期呈現光譜趨勢下跌的公司，尤其是陡坡式下跌的股票，要特別小心，此時要找出利空原因，確認沒問題之後再投入。

如果買入後股價繼續跌呢？我會從原價的9折、8折、7折……一路買下去，依照自己的資金狀況來決定分幾批買，雖然不一定買得到最低點，但是能買到越來越便宜的績優股，即使當下帳面損失可能會很大，我還是會覺得很開心！

③遇到高價股要特別小心

100元以上的股票在我的介定就是高價股，例如裕融

的股價 150.5 元（2024/3/14 收盤價），這樣就算高價股。

用股價光譜時我很少買高價股，倒不只是因為價格太貴不利分批買（要解決這個問題只要買零股就好），而是因為很多高價股都是由成長股蛻變為成熟股的，在此過程中，股價波動很大，就算跌到光譜的綠色區間，股價持續大幅下修的機會也不小，所以我很少買。

我記錄一下去年 6 月到今年 3 月中之前，使用光譜的成效（圖表 3-12），短短 9 個半月出現了 9 個可以買賣的標的，大大地解決了股市熱絡期要等標的必須要等很久的困擾。

我投資的股票總有：聯強、鎰勝、中信金、超豐、鴻海、統一、國泰金、元大期、兆豐金，雖然每次進出獲利都只在 10% 左右，好一點的超豐約 17%，但看表就可以知道股價光譜（1 年期）策略投資的標的，由於持有時間比較短，一般來說都是幾個月就進出一次（最短 1 個多月），這些獲利了結後，還可以再投入下一筆，有複利的效果，像聚寶盆似的錢越滾越多，複利、複利、再複利……年化報酬率也很驚人！

圖表3-12 使用股價光譜投資成效

股票名稱（代號）	日期	買 / 賣	價格	股票名稱（代號）	日期	買 / 賣	價格
聯強（2347）	2023/6/8	買進	59.X	鴻海（2317）	2023/10/23	買進	100.X
	2023/9/15	賣出	64.X		2023/10/30	買進	95.X
	2023/10/11	賣出	67.X		2024/2/27	賣出	104.X
	2023/10/31	賣出	68.X		2024/3/5	賣出	108.X
	獲利：12.3%				獲利：8.7%		
鎰勝（6115）	2023/7/12	買進	44.X	統一（1216）	2023/10/23	買進	67.X
	2024/2/15	賣出	47.X		2023/11/23	賣出	73.X
	獲利：6.8%				2023/12/5	賣出	74.X
中信金（2891）	2023/9/21	買進	24.X		獲利：9.7%		
	2023/11/15	賣出	26.X	國泰金（2882）	2023/12/12	買進	44.X
	2023/11/21	賣出	27.X		2024/3/14	賣出	48.X
	2023/12/13	賣出	27.X		獲利：9%		
	獲利：11.1%			元大期（6023）	2023/12/21	買進	59.X
超豐（2441）	2023/10/13	買進	55.X		2024/2/29	賣出	69.X
	2023/12/11	賣出	61.X		獲利：17%		
	2023/12/15	賣出	65.X	兆豐金（2886）	2024/2/16	買進	37.X
	2024/3/8	賣出	67.X		2024/3/14	尚未賣出	40.9
	獲利：17%				獲利：10.5%		

統計時間：2023/6/8～2024/3/14（不計入手續費、稅、二代健保）

💲 紅綠燈估價法 是買進判斷基礎

有網友好奇發問，紅綠燈估價法、本益比河流圖、股價光譜這 3 種估價法，如果互相衝突時該怎麼辦，例如紅綠燈估價法在昂貴價，但股價光譜是在綠色區間的買進

區，究竟該不該買進？

　　我先說明一下，大部分的時間我都是以紅綠號選股法為主，通常每年找到合理價以下蠻多績優股可以買，大多頭年景氣過熱時，才需要另外 2 種估價法輔助我們找到更多可以買進的標的。

　　所以 3 種估價法是分開的，紅綠燈估價法在黃色或綠色區間以下買進，到獲利滿足點或昂貴價賣出，看紅綠燈估價法買進，就用紅綠燈估價法賣出，不需要去擔心：「紅綠燈估價法在綠色買進區間，但股價光譜在紅色昂貴區間，這樣到底是便宜還是貴？」一次看 1 種就好了！以網友的問題來說，若這次進出要以紅綠燈估價法為主的話，現在就是綠燈便宜價可以進場的時機點了！

　　同樣的，本益比估價法和股價光譜也是，用本益比法便宜區間入場的，就在它應有的昂貴區間或獲利滿足點出場；在股價光譜便宜區間進場的，也在它應有的昂貴區間或獲利滿足點出場，3 種估價法互不干預。

3-4
設定安全邊際
幫荷包繫上安全鎖

投資過程中一定會遇到風險，所以應該保留安全邊際，透過保守的
方式來避免自己虧損。我說過，賺錢不容易，我 1 毛錢也不想賠在
股市中。

前面介紹了 3 種買進價位的評估方法，除了挑對好公司、買在好價格之外，我投資保持 100% 勝率還有一個重要觀念——安全邊際。

英國女王伊莉莎白一世曾經詔告英國，想要徵求全英國最好的馬車伕，經過各地官員層層篩選之後，最後只剩下 3 位馬車伕被帶到女王面前。女王問他們說：「如果我的馬車要經過一個懸崖邊，你們要如何保障我的安全？」

第 1 位馬車伕說：「親愛的女王陛下，我駕駛的馬車即使距離懸崖邊 1 公尺，也不會出事。」

第 2 位馬車伕說：「親愛的女王陛下，我駕駛的馬車即使距離懸崖邊 10 公分，也不會出事。」

第 3 位馬車伕說：「親愛的女王陛下，我駕駛的馬車不走懸崖邊，我會繞道走大馬路，以保障您的安全。」

最後，女王選了第 3 位馬車伕，因為女王明白，保障自己的最好的方法，不是讓自己身處險境時，靠解圍的技巧脫困，而是自始至終避免自己身處險境。

⑤ 預防落入險境 投資可以事先避險

其實日常生活中，四處都有「安全邊際」的概念。例如，從家裡到上班地點要花 30 分鐘，但因為怕遲到所以提早 10 分鐘出門，這 10 分鐘就是安全邊際；假設預估今天出門會花 200 元，但我們如果只帶 200 元在身上無法應對意外支出，所以會多帶一些錢出門，這超過的金額也是安全邊際。

此外，在捷運站、火車站的候車月台，會在地上間隔

鐵軌 30 ～ 50 公分處畫上候車線，並要求乘客站在候車線後方，以免掉下月台，這 30 ～ 50 公分就是安全邊際。所以，避免讓自己置身險境的技巧，就是預留安全邊際。

同樣的，投資過程中一定會遇到風險，所以也應該保留安全邊際，透過保守的方式來避免自己虧損，方法是算出便宜價之後，可以等跌到再打個 9 折的價位時再進場。

雖然我們透過很多的估價法，或是利用券商的報告找出一家公司股票的真實價值，但事實上是，不論我們自己算出來的股價，還是研讀券商報告，都很有可能不準確，或因為意外事件造成股價一時下跌，如果按照我們預估的股價買賣，萬一股價走勢沒有如我們所預料，很容易賠錢！我說過，賺錢不容易，我 1 毛錢也不想賠在股市中。

⑤ 根據可承受風險 找出安全邊際

因此，為了避免虧損，投資時可以多留一點「空間」給想要買進的標的，把目標價打個 9 折，或是看你的需求調整折數，在比較低的價格買進，如此一來，當股價反彈時，也可以獲得更高的獲利。

　　舉例來說，如果紅綠燈估價法預估股票的價值（便宜價）是 100 元，我們可以在 90 元買進，安全邊際就是 10 元；但如果你在 95 元買後跌到 90 元也不會擔心到睡不著覺，那麼你的安全邊際就是 5 元，等於是便宜價的 95 折，當然前提是必須確定買進的是好公司股票，而且體質沒有變壞。

　　我也把這些想法應用在「艾蜜莉定存股」App 中，預設安全邊際折數：①台灣 50 指數、中型 100 成分股等大型股、龍頭股的安全邊際是打 9 折；②其餘股價的安全邊際是 85 折；③ ETF 不打折。

　　每個人的安全邊際不同，「艾蜜莉定存股」App 同樣有預留個人設定，讓大家自行依照自己的風險控管調整安全邊際的範圍。很多人會問：要怎麼考量自己的安全邊際呢？在我看來，遇到以下 3 種情況，最好多留安全邊際。

高風險股票 股價波動大

　　買生技類股和買紡織股的安全邊際，一定不一樣。因為生技類股風險高、波動大、漲跌快速，安全邊際範圍大一點，比較不容易虧損；紡織股相對波動低、漲跌小，安

全邊際範圍可以小一點。

盤勢不佳 警覺性要高

景氣低迷、大盤走跌的時候,股價跌幅常常是沒有下限,可能破底、破底、再破底,所以留多一點安全邊際,才不會讓自己蒙受虧損。

所得較低 要更謹慎

每個人的收入高低、資產多寡不一樣,例如:對曾經位居台灣首富的郭台銘來說,股票虧損 1 億元也不會影響生活,但一般上班族賠個幾萬、幾十萬元,可能就要餐餐喝西北風了。所以當你的收入越低時,安全邊際就要預留更多,才不會影響生活。

巴菲特曾說過:「安全邊際就是計算一個東西值多少錢,然後用較低的價格把它買下來。」安全邊際運用的方式很靈活,沒有標準,完全是按照自己對風險的承擔能力來決定!

投資筆記

贏家的修練
懂得賣、學會忍

4-1 賣股時機①
賺夠就跑
錯過最高價不可惜

從以前到現在，我的策略就是「賺價差為主、領股息為輔」，當持股報酬率達到 20% 以上，我會考慮分批賣出股票，或全部出清。

· ·

「小妹我來求救了，我買了幾支股票，只是一直不太確定賣出的時間點該怎麼抓？想請問你都是怎麼判斷出場時機？是看到籌碼面的主力開始出貨跟著下車？還是達到設定的獲利目標就獲利了結？我本來想說設個 10% 獲利了結，但好像還有機會再漲到 15%、20%……這樣不就少賺了？會很難過！」

「我買兆豐金（2886）已經持有 2 年多了，現在帳面上賺了超過 40%，不知道要繼續持有領股息，還是要先賣

掉賺價差,把錢拿去買比較便宜的股票呢?」

我經常收到類似的問題,相信這些也正是很多投資人的心聲,第 3 章講了這麼多選股方法,好不容易選對股票了,卻在股票賺到錢時,又開始躊躇不決,不知道要不要賣,深怕少賺了!對我來說,賣出股票有 2 種時機,一是貴了、二是壞了!

⑤ 最佳賣股時機 每個人答案不同

首先,這一小節來討論什麼叫做「貴了」?我的判斷依據是:

①到達「艾蜜莉定存股」App 紅綠燈估價法的紅色區昂貴價,就賣出。

②獲利到達預設的利點,開始分批賣出,每個人不一樣,可以自行設定 10%、20%、30%……我個人常設 20%。

③股災買在底部的股票,幾乎都會上漲 100%,不要太早賣掉。

④殖利率長期維持在 10% 以上,可以永遠不賣。

　　有人會問我說：「為什麼你是設定獲利 20% 當作停利點呢？為什麼殖利率是設定 10%，而不是 8%、7%？」我要提醒大家，我認為 20% 已經是一個令我滿意的波段獲利，但 20%、10% 都不是一個絕對的數字，你可以自行調整，只要是到達你心中的一個數字，就可以了。

　　是的，有些股票確實會漲到 25%、30%……賺價差的確很誘人，但你得同時思考以下 2 個方向：

方向1 要賺價差還是領股息？

　　很多投資朋友買金融股是要拿來存股，大部分都是看好穩定的殖利率和配息政策，想要打造現金流、創造被動收入，而傳統存股的做法，就是只買不賣，不去管股價水位，著重在累積持有的張數。

　　也就是說，如果一開始就決定要存股了，那麼不管股價怎麼漲，繼續存就好了，目標是要把股數繼續放大。

方向2 有更好的股票可以買？

　　如果在評估第 1 點後還是決定要賣掉，也可以先評估一下賣掉的話，這筆錢要拿來做什麼？是會變成閒置資金，還是有更好的標的選擇？

　　每個人買進股票時的想法和策略不同，我不知道當初你買的理由是什麼？所以無法回答你要不要賣股票，但建議大家可以從上述這 2 個方向來評估，或許可以得到自己的答案。

　　我也遇過不少投資朋友，會想把原本賺錢的持股賣掉，轉買其他股票，例如 0050、緯創（3231）、和碩（4938）等，文章開頭那位持有兆豐金 2 年的網友就是有這樣的打算，但以 0050 來說，現階段（2024 年）我認為不適合這樣做，因為現在的 0050 很貴，不如繼續持有兆豐金，不管是賺價差的機會，還是領到的股息（殖利率）都比較高。

　　再說，以產業的穩定性角度來看，金融股比科技股、電子股更好，這點也是要評估進去的。

▶ **艾蜜莉的小資致富之道**

　　我常常強調，對於要買進的股票，如果理解程度不足，買進後股價一直沒有漲、甚至下跌，就會影響心情，心情又會進一步影響操作策略。因此想換股操作，應該說，買進任何股票前，都要思考清楚。

⑤ 遇利空下跌 不全都是壞事

　　股價變貴要賣掉，那麼，遇股價下跌該不該「逃命」呢？2021 年下半年到 2023 年 6 月，台灣發生全台大缺蛋事件，我家附近一度買不到蛋，我要特別跑到遠一點的市場，才能買到比較貴的蛋。我當時順便問了一下老闆：「以前很少看到缺蛋的狀況，為什麼這次突然這麼缺？」老闆可能已經被問很多次了，馬上專業開講！

　　老闆說：「這次缺蛋，其實是剛好很多原因一起發生！今年寒流很冷，忽冷忽熱的天氣導致產蛋率減少 2 成；前陣子飼料漲價，養雞成本跟著上升，連帶影響雞農不敢汰換雞隻，只好讓生蛋效益比較差的老雞繼續生蛋，結果蛋量就更少了。等到換成新雞要有蛋量產出，還要等上 4、5 個月左右……」老闆就這樣整整講了快 10 分鐘，真的很厲害。

　　深以為「蛋蛋危機」導致商品調漲對營收有加分作用，當時有位網友，在 2022 年 3 月前開始買進卜蜂（1215），之後又陸續買了幾張，直到 6 月卜蜂股東會後，他的心情卻突然黯淡了下來，他說：「我真不知道該不該繼續買？」

我查了一下，才知道因為股東會上公司提到了好幾項利空，包括：通膨壓力、俄烏戰爭、南美乾旱還有運價上漲，導致營運成本墊高，即使飼料原料的價格有回檔、產品也調漲過了，但仍然是在虧本營運。

看了這麼多壞消息，難怪他心情不好。但我告訴他，先不要急著難過！因為，看到公司出現利空的時候，不一定是壞事，應該要有第 2 層思考。

以卜蜂的利空來看，雖然影響到短期的獲利能力，但卜蜂是成熟的老牌大廠，股東會上說的都是大環境造成的利空因素，也就是相關產業都會受影響，沒有拖垮卜蜂的競爭力，所以，卜蜂本身價值是沒有改變的！要是股價因此下跌，定期定額買進，持股成本也會跟著下降，股價打折了，以後才有漲上去的機會，報酬的空間也才會浮現。

只不過，這時有個關鍵，就是卜蜂當時股價已經在紅綠燈估價法的昂貴價之上，這位網友在小賺一點之後，決定停利全部出清，之後再出現「舒服」的買價進場也不遲。當然，每個人可以自行考量投資動機後，再來決定賣出時機，你是想在合理價賣出來波段操作？還是想放到長線高

點昂貴價時賣出,甚至是要永遠持有領股息都可以。

💲 小資族存股效率低 以 3 年為操作週期

回到網友:「該賣掉兆豐金賺價差?還是繼續存股領息?」這個問題,如果是我,我會怎麼做呢?

從以前到現在,我的策略就是「賺價差為主、領股息為輔」,而且我會以 10% ～ 20% 作為停利目標,當持股的報酬率達到 20% 以上,我會考慮分批賣出股票,或全部出清。又或是個股達到我估算的昂貴價時,我多半會賣出全部的股票。

也就是說,只要價差能賺超過 20% 獲利目標,我就會選擇往上分批賣出,甚至是一直賣到紅綠燈估價法的昂貴價以上。如果後面漲到 30%、50%……沒賺到我也不覺可惜,因為我的獲利點已經滿足了,等待下次再出現便宜價,還是有賺錢機會。

我從月薪 2.5 萬元的小資族起步,出社會時薪水不高,如果只靠每年存股、領股息,資產增加的速度會比較慢。所以,我的投資週期就不適合設太長、太久,我設定的投

資年限是 3 年,這樣才能增加獲利次數,加速資產累積。因此,以賺價差為主、領股利為輔,比較適合我。

或許未來我的總資產更多的時候,就需要讓我的投資方式更穩健,換過來以領股息為主、賺價差為輔,或甚至從此不賺價差。

但以目前來講,我還是想要賺價差,除非是在股災底部買到像聯詠(3034)那種跌到破盤價的股票,需要放個 5 ～ 7 年才到停利點的情況,大部分非景氣循環股的股票,循環週期都是 3 年內可以完成。尤其是台灣績優的電子股,其實你一買一賣之間大多不會超過 3 年,且一般來說價差最少都會在 20% 以上,我每次買賣之間,短則 3 個月,長則 3 年。

> ### 艾蜜莉的小資致富之道
>
> 如果沒有要存股,價差又已經超乎預期,股價高漲時往上分批賣是可行的,但不一定要急著找新標的買。先把資金放著,做好功課、規劃好資金該怎麼分批買進後,一定可以抓住下次賺錢機會!

4-2 賣股時機②
體質變壞有徵兆
別戀戀不捨

我的操作策略是越低越買，所以停損機制主要看公司經營狀況，股價因經營不善下跌，我才會停損，而不是股價跌了就馬上停損。

前面說到，賣出股票的時機有 2 種：一是貴了、二是壞了。現在要說的，就是「壞了」。

那怎樣算壞了呢？簡單來說，就是公司的體質壞掉，長久下來不太能經營了。對我而言，評估停損的重點，不是設定股價虧損多少，而是公司的營運狀況是否轉差？如果企業出現以下狀況，可能就是「壞掉」的前兆！

①本業連續 1～3 季虧損，在同業競爭中落後。

②產業趨勢改變，產品需求被新產品取代，而公司未能即時轉型。

③護城河被破壞，出現大量競爭者。

④企業經營者爆發誠信問題。

　　當有這些徵兆的時候，還要判斷利空因素。造成非系統性風險（又稱市場風險，指企業遇到的個別風險）的利空因素，主要有 3 大項：短期因素、長期因素、留校察看。

⑤ 短期因素》驚慌賣股 可能錯失賺錢機會

　　原物料上漲、遭受匯損、官司賠款、訂單轉單……這些都屬於造成股價下跌的短期因素，例如，原物料有漲有跌，不會長年一直處於上漲狀況，匯率也是如此。

　　說到匯率，我就想到聯強（2347）。聯強在很多年前，只要台幣一上漲，就會產生匯損，股價就會跌到 32 元以下，這時候我會進場買；一段時間之後，等到台幣又下跌、匯損問題解決了，聯強大多可以達到我 20% 的獲利目標，我再趁機出場，如此反覆操作好幾次。以前的聯強就是我

的好朋友，但現在已經不是這樣，所以通常匯損是暫時性，大家不用過度緊張。

圖表4-1 聯強（2347）股價走勢

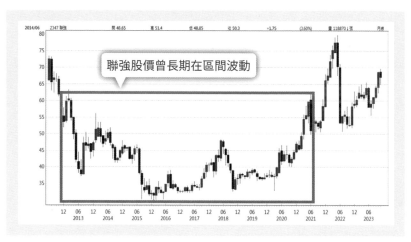

聯強股價曾長期在區間波動

資料來源：CMoney法人投資決策系統

至於轉訂單的利空，也是暫時性的，最常發生在台灣的 NB 代工廠、蘋果手機代工廠身上。

蘋果手機的台灣訂單在鴻海（2317）、和碩（4938）、仁寶（2324）、緯創（3231）這幾家大型代工廠之間轉來轉去，有拿到訂單的公司，業績就會很好，不過如果消息不靈通，等到新聞曝光之後你再搶著買，很容易被套在

高點。

所以，要買這類型股票，新聞你要反著看，也就是要選擇「蘋果把訂單抽掉給別人」、「好像沒有訂單」、「這時候看起來很慘」、「股價下跌」的消息出現時，趕快買進，因為訂單遲早會轉回來，股價還是會再起來。

至於官司賠款，可以觀察這個賠款金額占總營收多少？通常都是一小部分而已，所以不需要太緊張。

這就可以聊到力成（6239），力成之前曾發生官司賠款事件，當時股價因此一路掉到 45 元左右，來到便宜價區間，但因為力成老闆是個不錯的老闆，我當時覺得機會難得，就趕快買進。

我買進之後，FB 粉專收到訊息，對方寫說：「艾大，平常受你照顧多多，所以我要告訴你一件事，我是力成的員工，新聞說我們官司可能會賠款，其實我們不是『可能會』賠款，我們是賠定了。」這位員工對公司覺得悲觀，於是他把手上的力成全部賣光了。

我問他說：「你手上的力成股票是怎麼來的？」他說：「公司分配。」我說：「你手上是免費的股票，你還賣光，

我用真金白銀買的，而且還想繼續支持你們公司，你不要再賣了，你們公司的股價以後必漲！」

他聽了不敢相信，直問我說：「怎麼說？」我說：「這件官司是你們老闆選擇主動提告、賠款。因為力成在某合約中的專利權費用是簽長約，因此即使專利權已經到期，其他公司不用再付費，力成卻必須持續付費，所以才會提告。即使敗訴，也只需要賠償 4 年 80 億元的費用，以後不用再每年付錢，這樣還是比較划算。」聽我一番解釋之後，這位員工才恍然大悟。

所以，官司賠款只是一個小問題，但為何當時這個案子聽起來好像很恐怖？因為力成的 80 億元賠款，被算在同一個季度的 EPS，導致 EPS 由正轉負，如果你只看財報數據，很容易會被混淆，以為力成不賺錢了，於是賣掉股票。

▶ 艾蜜莉的小資致富之道

遇到短期利空，一定要先了解背後原因，再決定要不要賣股票，這樣才不會錯失賺錢機會，這也是逆勢價值投資獲利的重要關鍵之一。

⑤ 長期衰敗》遠離地雷區 避免買到壁紙

夕陽產業、轉型過慢、護城河被破壞、信用發生問題……這些都屬於影響股價下跌的長期衰敗問題，投資人要特別注意。

以夕陽產業來說，例如柯達（Kodak）曾是全球攝影底片市場龍頭之一，後來智慧型手機崛起，照相功能日益強大，現在已經越來越少人會購買底片拍照，因此成為夕陽產業。

護城河被破壞的例子，像台灣早期只有幾家銀行可以經營，那時候的金融股很多都是「千金股」──股價都上千元，後來台灣開放銀行業自由競爭，現在公民營的銀行、信用合作社、農會、外商銀行……加起來大約 50 多家，金融股價格就跌落至 100 元以下了，這就是護城河被破壞的結果。

至於信用問題很常見，有這類問題的老闆和公司，我絕對不會碰，我也建議你不要買這樣的股票，例如已故力霸集團創辦人王又曾，因涉力霸東森掏空案潛逃美國，公司也隨之倒閉。

⑤ 留校察看》熱衷金融操作 股價難掌控

所謂的「留校察看」是指一時看不出對公司體質長期影響是好還是壞，可以再多花些時間觀察一下，例如經常增資、私募、熱衷金融操作的公司，會被我列入留校察看的名單。

有的公司喜歡不斷一直增資，或是一下增資、一下減資；至於私募部分，私募本來是立意良善，原意是引進好公司的資金成為策略夥伴，但有些老闆卻不懷好意，打著「吸引策略夥伴」的名義，實際上卻是把股票用低價賣給自己開的投資公司，老股換新股圖利自己。

還有，熱衷金融操作的部分，例如曾經有一家電子公司的老闆，不務正業買了一堆土地，然後不斷炒作土地價格，我會認為這樣的老闆太熱衷金融操作，也不是很好。

國巨（2327）也是一個過度熱衷金融操作的公司，我為什麼會這樣說呢？

很多年前，國巨的股價大約在 150 元左右時，曾對小股東發下豪語：希望自己成為世界前 3 大被動元件廠，老闆是個「想要成為海賊王」的男人，不只野心很大，也很

有個人魅力。

國巨進行增資後，不巧遇上逆風，被動元件景氣下滑，再加上 2008 年金融海嘯，股價一路下跌，從 150 元跌到最慘只剩 3 塊多，小股東們欲哭無淚，但還是選擇相信國巨，因為對小股東來說這是一種信仰，認為國巨的老闆可以帶領他們登上顛峰，沒想到股價好不容易從 3 塊多爬到 15 元的時候，國巨卻要下市了，小股東全懵了、紛紛抗議，金管會也跳出來插手，禁止國巨下市。

為什麼國巨要下市呢？因為只要下市之後，經過重新包裝再上市，國巨可以得到幾百億的利益。既然下市不成功，只能一路進行減資，此時正好遇到被動元件缺貨，國巨股價一度衝上 1,300 多元，從 15 元一路飆升到 1,300 多元，這是一個很奇妙的大轉變！

目前的國巨股價大約維持在 300 多元，真是一個很驚奇的股票，股價像坐雲霄飛車一樣，股價的下一步連老闆都沒有辦法預測，近年又歷經幾次增資、減資⋯⋯這種過度金融操作的股票，我自己是不會碰的。

圖表4-2 國巨（2327）股價波動劇烈

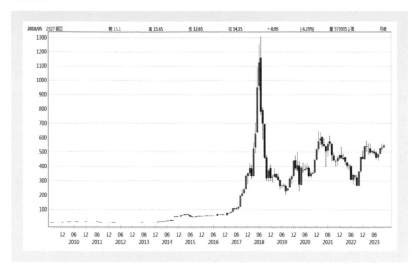

資料來源：CMoney法人投資決策系統

💲 MSCI 季度調整 是撿便宜時機

此外，還有一種情況也會影響台股的個股表現——MSCI 指數的季度調整。

MSCI 指數是摩根士丹利資本國際公司（已改名為明晟）編製的股價指數，成分股是從全球上市股票中挑選符合其標準的個股，其中有以國家區分、產業區分的指數，每年 2 月底、5 月底、8 月底、11 月底調整成分股，2 月和 8 月為季度調整，而 5 月和 11 月為半年度調整，調整

幅度通常較大。

　　入選的公司通常是產業龍頭、獲利穩健、有競爭力的績優股，市場上大部分的法人機構都會參考 MSCI 成分股，進一步當作投資組合的參考依據，每當成分股調動，法人也會跟著調動資金部位。因此，往往只要股票被剔除或納入 MSCI，股價或多或少都會跟著反應。

　　不過，從過去經驗來看，MSCI 調整後影響股價的時間很短，幅度也不會很大，我認為不太需要因為 MSCI 的調整感到緊張。

　　總之，當初買進股票的理由已經不存在，我才會選擇伺機出場。因為我的操作策略是越低越買，所以停損機制主要看公司經營狀況，股價因經營不善下跌，我才會停損，

圖表4-3 2023年11月MSCI 半年度調整

名稱	MSCI 全球標準指數 MSCI Global Standard Indexes	MSCI 全球小型指數 MSCI Global Small Cap Indexes
新增	世芯-KY（3661）	營邦（3693）、碩天（3617）、定穎投控（3715）、巨大（9921）、愛山林（2540）、旺矽（6223）、北基（8927）、矽統（2363）
剔除	巨大（9921）	世芯-KY（3661）

而不是股價跌了就馬上停損。

我還是那句話，價值投資最重要的是專注公司本身體質和經營，只要這些本質沒變，若是因 MSCI 成分股調整讓股價下跌，對價值投資者來說其實是好事，因為股價變便宜，反而有機會分批撿股票了。

4-3
獲利隱形密碼
做好資金分散

從我的投資紀錄來看，我不會期待一定要買在最低點或是賣在最高點，這樣投資的得失心會很重，太累了。投資的獲利鐵則只有一樣——堅守操作 SOP。

有一位小資族私訊我，她說她從 2018 年畢業走入職場後才開始投資，但上班沒時間看盤、短進短出，後來看到 App 名單裡面的力成（6239），花了一點時間研究後，當時正好在便宜價，又有不錯的殖利率，當下就開始分批往下買。

雖然後來買到的批數沒有很多，不過光是這一檔股票，持有到現在快要 5 年了，帳面上的價差獲利已經超過

30%，真是超厲害！這段期間她也領了幾次股息，她打算繼續持有，想等賺到 50% 以上再來考慮出場，畢竟就算放著，每年也還能領到很不錯的股息。

看到她的收穫，我很替她開心，希望她能達到想要的 50% 目標。只不過，她能「心平氣和」繼續持有，是因為她遵守分批往下買的原則，有漂亮的成本才能這樣等，2024 年的力成已經遠超過昂貴價，並非入手好的時機！

💲 持股數量、進場部位 都要分散控管

然而，要能堅守原則、分批往下買，非常不容易。很多人會問我：「艾蜜莉，到底該如何進行資金控管？又該如何制定買賣計畫？」

我跟大家分享我存股的 SOP，依序就是：選好股、買好價、判斷利空是暫時性還是永久性、資金控管（制定買賣計畫）、堅守紀律（擁有良好的心理素質）。

在資金控管部分，我的方法是：①依資金大小，分散買 3 支到 10 支股票；②來到便宜價位時，資金再分 3～6 批往下買，除了股災之外，大部分股票都可以在 3 批內

買到相對底部。

　　分批買進方式是：第 1 批，便宜價或是合理價且符合殖利率 4% 以上條件；第 2 批，第 1 批的 9 折價；第 3 批，第 1 批的 8 折價；第 4 批，第 1 批的 7 折價；第 5 批：第 1 批的 6 折價；第 6 批，第 1 批的 5 折價。

　　除了股災之外，大部分的個股，都可以在 3 批內買到，景氣熱絡時，更是分 1～2 批就好，資金使用效率比較高。

圖表4-4 艾蜜莉的存股SOP

選	買	判	控	心
選好股	買在 便宜價	判斷利空 原因	控管資金 分批買進	有耐心堅 守紀律

⑤ 同一套方法 可以一直賺不停

　　以下我用 3 檔股票當案例，說明從進場到出場的 SOP 應用，我要表達的是：方法都一樣，只要能堅守紀律，每個人都可以在股市中賺錢。

　　由於 2022 年美國一共升息 17 碼，一整年股市的轉變

不小，而這 3 檔股票，買進第一批的時空背景都還是在股市高點，適用紅綠燈估價法中合理價以下、殖利率 4% 以上的方式選股，因為是在高點，我的停利設定 10% 以上就可以開始分批賣。一般來說，在紅綠燈便宜價以下買的話，我要獲利 20% 以上才會賣。

投資實錄① **緯創（3231）**

先來看到緯創（3231），我在 2021 年時獲利了結過 1 次，到了 2022 年 3 月，我用約 28 元重新買回了第 1 批，我的規劃是往下一直買到第 1 批的 5 折價，但因為我想多存一些張數，所以在 4 月底同樣用約 28 元又買了一些，我當成是補進第 1 批的張數，不算第 2 批。

到了 2022 年 7 月初股價連續下跌，這時候我想真是太好了！因為 7 月 6 日就要除息，股價也跌到了 25.9 元，這時候買進還能趕上領股息，以當時殖利率來說有 8.49%，我覺得很不錯，就放心地買進第 2 批。

雖然股價沒有接著再跌到第 3 批的買價，不過也沒有關係，我在 12 月成功獲利了結，不含股息賺了 10% 以上，達到預設目標。

投資實錄② **寶成（9904）**

寶成（9904）也是我在 2022 年 3 月買的，第 1 批買在約 30 元。我判斷可以買的原因，是股價來到紅綠燈合理價以下，再加上當年預估發放的股息，換算下來殖利率達 7%，這樣即使股價下跌，我也可以放心的穩穩領股息來慢慢賺回成本，這就是我很著重長期殖利率一定要 4% 以上的原因。

後來，寶成股價跌到 27 元，以第 1 批成本來算，已經跌到 9 折價，我依紀律再買進第 2 批，2 次下來平均成本大約在 28 元左右，就這樣一直持有到 11 月 14 日，也就是寶成漲停在 31.75 元那一天，達到停利目標後趕快賣掉了，也是同樣不含股息就賺了 10% 以上！

投資實錄③ **富邦金（2881）**

最後就是富邦金（2881），由於 2022 年發生防疫保單虧損事件，很多人私訊問我：「發生這樣的事情後，富邦金還能買嗎？艾蜜莉還會不會繼續持有？」當時我的想法是，如果以獲利面考量，防疫險的理賠金富邦金一定賠得起，畢竟它的賺錢速度遠大於保單賠付速度，而且防疫

險也已經停賣,這個洞不會再擴大了,要維持獲利不難,資本適足率也是足夠的,不太可能因為防疫險賠到倒閉。

我認為比較大的問題是處理防疫險事件的公關能力,真的不算及格,而且合約內容也沒有保護到自己,幸好事件順利落幕,富邦金也保住金控股獲利王,但未來還是希望保險業要有負責的態度,也要更多元的分散風險才好,這也將會是我未來關注的地方。

回到正題,針對富邦金的資金控管,我一共買了 4 批!第 1 批是在 3 月 7 日約 72 元買進,第 2 批是在 5 月 13 日約 63 元買進,第 3 批是在 7 月 12 日約 56 元買進,第 4 批是在 9 月 30 日約 49 元買進。每一批都是按照紀律——打 9 折、8 折、7 折的方式來買,最後平均成本在 59 元,2024 年 3 月時股價已經回到 70 元以上了!

💲 達獲利目標 分批賣越賺越多

2024 年 3 月,股市幾次超過 2 萬點,來到台股近 30 年的相對高點,大家手中的持股都漲了不少,甚至超過合理價,來到昂貴價,有不少網友私訊問我:「大盤高漲,

手中持股也跟著漲到停利點，沒有下一個適合的標的可以買進，我是該先獲利出場？還是繼續持有領股息？」

我的資金分批往下買，股票當然也是分批往上賣。

如果是我，我會選擇賣出股票，而且是慢慢分批賣出，具體做法是到達自己的停利點，例如：10%、15%、20%⋯⋯分批賣出，或者也可以利用「艾蜜莉定存股」App 中的股價光譜，分散賣在橙色區間或紅色區間以上。不管是用上述哪一種賣法，賣的過程長達 3 ～ 6 個月都是有可能的。

事實上，對於價值投資者來說，在大多頭的環境下，有時候會碰到手上有好幾支股票，在同一時間獲利了結，此時遇到空手的問題很正常。面對這樣的情況，不想空手的投資人，最根本的解決方法就是做好資金控管。

將資金拆分成不同比例，投資不同部位，例如：10% ～ 20% 資金用價值投資法賺價差；10% ～ 20% 用來長期存股，10% ～ 20% 使用股價光譜，10% ～ 20% 定期定額投資大盤型 ETF，10% ～ 20% 投資美股，利用這些長期投資部位補足空手等待期。以上的資金比例，是在大

盤高檔時不錯的配置方法，當然，每位投資人都可以視自己的情況進行調整。

從我的投資紀錄來看，大家應該看得出來，我不會期待一定要買在最低點或是賣在最高點，這樣投資的得失心會很重，太累了。我還是那句老話：「我買的股票都會跌，我賣的股票都會漲！」放寬心來看待就好。

艾蜜莉的小資致富之道

我的投資方法不難學，尤其搭配 App，每個人都可以看到我的觀察名單，但我能比一般人賺更多的關鍵是，每一檔股票我都按照紀律來買賣──選好股、買好價、判斷利空、控管資金、堅守本心，這些才是能夠穩健獲利、長期獲利的鐵則，只要有信心、有耐心都可以做到！

4-4
贏家最後一哩路
培養耐心和信心

抱股沒有秘訣,就只有 2 顆心——信心跟耐心。而要做到這一點,忍字頭上一把刀,忍非常辛苦,但是能忍的投資者,往往才能得到最甜美的果實。

有一位網友跟我分享她的投資成果,我看了覺得非常感動!

她說她在 2022 年 11 月台股跌到 12,000 ～ 13,000 點左右時,當時是整個跌勢的相對低點,她替男友買到了緯創(3231)的便宜價,短短半年就賺 100% 以上的報酬。

根據這位網友的說法,她的男友中風已無工作能力,雖然她沒有透露太多,我衷心期望她未來能夠繼續投資,

利用賺到的錢分攤掉生活上的辛勞。她可以在當時市場充滿不安的氛圍之下，實現價值投資買在便宜價，我覺得她真的很棒！

另一位網友則是私訊我，他說他抵押房子借了 600 萬元，跟著我買緯創，我當時買在 23 元左右，但後來緯創腰斬跌到 12 元，這位網友怕了，隔三差五地問我：「請問緯創還好嗎？」我只能一直回覆他說：「緯創還好。」因為他不了解買進的原因，只好一直來問我緯創好不？好像緯創是我兒子一樣。

這樣反覆地詢問和回答，一直持續到緯創漲回 32 元，他獲利了結之後，這個對話才結束。

我認為跟單很不好，這樣會一路擔心受怕，所以，千萬不要跟單，即使是我，也千萬不要跟著我下單。

⑤ 避免當韭菜 存好吃飯錢再進場

投資股票，當你做好前面選、買、判、控這 4 件事後，我想和大家分享我的定存股 SOP 最後一件事──「心」的重要。

　　當投資心態陷入急躁的狀況，甚至為了儘早獲利，在短時間投入大量資金，這很容易讓你的生活和心情隨著股市載浮載沉，很難做出正確的投資決策。現在的生活，大家都非常辛苦，投資千萬不要因為沒做好準備而賠錢，畢竟，我們進入市場的目標都是為了要賺錢！

　　我建議大家在資金投入前，一定要做好以下 2 件事：準備至少 3 ～ 6 個月以上的緊急預備金，這些是為了要應付突發的緊急事件，至少發生後不致於影響生活，資金投入投市後，心情上也更踏實，勝率會高出很多。然後再去研究、理解股票，整理出自己的觀察名單。

　　如果沒有頭緒的話，可以參考「艾蜜莉定存股」App，我的持股名單、觀察名單、交易紀錄都在這裡，或許從這邊開始也是一個不錯的方式。

⑤ 信心、耐心 價值投資者缺一不可

　　很多人長期投資卻賺不到錢，我認為「心」是其中的重要關鍵。因為在投資的過程中，要通過非常多「心」的考驗，尤其面對股市動盪，隨時調整自己的心態與方法，

非常重要！

我記得 2022 年初開啟課程計畫的時候，當時台股在 1 月創下 18,619 點成為歷史新高後，市場瀰漫樂觀的氣氛，雖然泡沫已經很嚴重，但股民的心情是：「泡沫又怎樣？還不是可以上到 18,000 點，還不是一樣創新高！」所以當時的市場，大家相當樂觀，但我卻不是如此。

我覺得大盤是有週期性的，我甚至因為看法太保守，而被親戚朋友笑。

他們開玩笑說：「市場這麼好，你還不敢投資，我們要強迫你下單囉！」我深知不能受朋友和市場氛圍影響，我更知道價值投資者須要具備 2 顆心，那就是「信心」和「耐心」。

我必須要有「耐心」，等到有價值的股票浮現，因此，我那個時候只能忍耐、忍耐、再忍耐，我一直告訴自己說：「現在不是出手的好時機！」2022 年 1 月時很多人勸敗（buy）我去買股票，甚至一直問我說：「艾蜜莉，跟我們說一下現在有什麼可以買的？」但我堅持認為估價已經過高，應該踩煞車。

圖表4-5 2022年初美股大漲後快跌

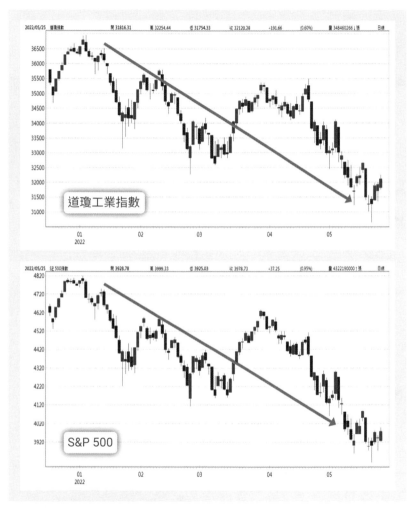

資料來源：CMoney法人投資決策系統

　　進入股市後，我之所以能夠長期穩健獲利、保持不敗紀錄，就是除了選、買、判、控之外，我還堅持心理素質和紀律，如果股票價值還沒有浮現，絕對不買！我不預測未來，所以不管未來會不會再創新高，我的原則就是「買好股票、買好價錢」，只要股價太高我就不買。

　　時間往後來到 2022 年 5 月，這短短 4 個月期間，股市經歷劇烈變化，包括經歷烏俄戰爭、通膨、升息、聯準會縮表等事件，美國道瓊工業指數一度從最高點 36,952 點，一路跌到 30,635 點，跌了 6,317 點；美國標普 S&P 500 指數從 4,818 點最低跌至 3,810 點，跌幅達 20.79%。

　　那台股呢？從 2022 年 1 月至 5 月 12 日，從最高的 18,619 點一路跌到 15,616 點，到了 10 月 25 日又繼跌到 12,629 點，創下當年新低點。從台股的日 K 線（圖表 4-6）可以看出，走勢是從高峰一路溜滑梯，即使中間有一些反彈，但是反彈完又往下跌。市場從貪婪變成恐懼，不過就是一瞬間的事，這時候人人都喊著：熊市來了、瞎子都能看出會續跌、現金為王……

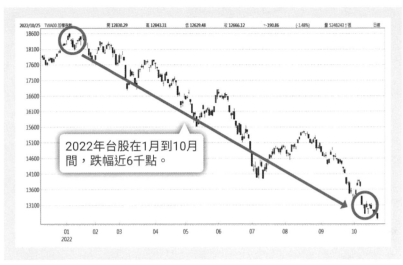

圖表4-6 2022年台股在一片樂觀中下跌

2022年台股在1月到10月間，跌幅近6千點。

資料來源：CMoney法人投資決策系統

💲 做好定存股 SOP 股災來了也不怕

那段震盪期間，又有人來問我：「艾蜜莉，股災是不是要來了？」我只能說我無法預測未來，預測未來是神的領域，還好價值投資者不靠預測未來賺取獲利，這時候我知道我要拿出另一顆心，叫做「信心」。如果有浮現價值的績優股出現，我一定會勇敢地做好資金控管，而且勇敢地分批買下去！

當發生系統性風險，也就是股災來臨的時候，即使買

在最高點也不要害怕，只要依循「選、買、判、控、心」的 SOP 走，就不用太緊張！這裡再說明一下「選買判控心」SOP：

①選好股：打開「艾蜜莉定存股」App，手動選擇「艾蜜莉觀察名單」，並剔除景氣循環股。

②買好價：從裡面選出能力圈範圍內的便宜或合理股票。

③判利空：判斷利空是暫時性利空？還是永久性利空？

④控資金：做好資金控管，若為暫時性利空，則擬定買賣計畫。

⑤心素質：「耐心」、「信心」和紀律，都是影響投資結果的重要關鍵。

等到股災結束、景氣回春之時，勝利終將是我們的！

我對未來的態度是不預測、沒有看法，當台股在跌、美股跌更多的時候，我就更想分享價值投資法：「我們是越低越撿、越低越買，但記得要堅持好公司加上好價格的原則。」

　　大家可能會覺得奇怪，在大盤處於高檔的時候，還會浮現好公司、好價格嗎？這我不知道，但投資應該知道的是：「它是不是好公司？有沒有來到好價格？」有，我就馬上進場；進場之後，我再分批承接。

　　所以，無法「忍耐」的人，是無法「價值投資」與「存股」的！資金控管很重要，心理素質也很重要。抱股沒有秘訣，就只有 2 顆心──信心跟耐心。而要做到這一點，忍字頭上一把刀，忍非常辛苦，但是能忍的投資者，往往才能得到最甜美的果實。

> ### 艾蜜莉的小資致富之道
>
> 　　一位優秀的價值投資者，通常在以下 6 種情況時都要發揮忍耐功力：買不到、持有太久、大跌、利空與恐慌、上下震盪、漲不多。

5.

$

從艾蜜莉觀察名單
實戰學個股分析

5-1 艾蜜莉定存股①聯強

不怕財報變財爆
遇短暫匯損可撿便宜

一間好公司,平常沒事不太容易回到便宜價,通常是在利空事件發生後才有機會,不過利空的嚴重性可大可小,應該學會怎麼分辨是轉機還是危機?

———— 群小偷被抓進警局,正穿著囚服拍攝入監照,被捕的小偷毫不在意,手上還舉著牌子:「專挑聯強貨」、「聯強的維修服務,連小偷都知道……」多年前的這支創意廣告,加深民眾對聯強(2347)的印象。

　　購買電子產品的時候,如果能搭配完善的售後服務,會不會增加你想在那個通路購買的意願呢?從科技製造業跨足服務業的聯強,不只是亞洲第一大的銷售通路,同時

還具備維修及接單生產的能力，讓它在微利時代中，走出生機。

💲 高科技打造智能平台 拉攏國際客戶

聯強經營良好，旗下包括資訊、通訊、消費性電子、半導體等產品，也針對高科技產業供應鏈提供整合型服務。這樣一個企業，卻曾在 2015 年股價一路下跌，甚至跌破便宜價，為什麼我敢在利空時候，逢低搶進呢？

我們先來了解一下聯強這家公司，以及當時股價下跌的時空背景。

產品多元、國際客戶廣泛

聯強是第 1 間在台灣上市的通路商，橫跨資訊、通訊、消費性電子、零組件 4 大領域，全球客戶超過 300 個領導品牌，包括英特爾、微軟、HP、IBM、蘋果、華碩……並且自創品牌「Lemel」。

全球第 3 大高科技通路商

市占方面，聯強在中國及印度市場居第 2 大通路商，在澳洲地區也是坐二望一，美國通路事業則為當地第 3 大；

就整體而言，事業規模全球第 3、亞太第 1。營運據點遍布全球 38 個國家及地區、300 個城市，在亞太地區主要城市擁有數十座高科技運籌中心，主要銷售地區是海外，台灣的銷售額只占總銷售額 2 成左右。

商業模式獨具一格

雖然通路商看似市場很大，但毛利率很低，因此聯強將自己定位為服務公司，發展出銷售、通路、維修 3 合 1 的經營模式，從服務國際品牌中賺取更多費用。

聯強透過大數據打造數位神經系統的智能服務平台，降低損耗成本、確保服務品質，藉此提高營業利益率。例如在澳洲的高科技運籌中心，每小時分貨能力達 3,600 箱，這樣的能力讓對手難以複製、難以超越，因此能夠有效提高市占率。

⑤ 財報一公告 股價跌到便宜價

從上面這些分析來看，聯強可以說是一間好公司，股價為何在 2015 年時應聲大跌？原本聯強在 2015 年 11 月 12 日股價還有 35 元，當天收盤後公布該年度第 3 季財報，

揭露 EPS 僅剩 0.19 元，對照前一年同期 EPS 為 0.94 元，

這消息直接影響投資人信心。隔天股價應聲跳空大跌，來

到 31 元附近。

圖表5-1 **財報不如預期 聯強（2347）爆跌**

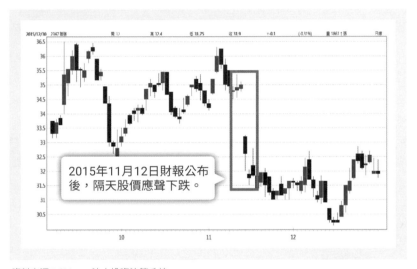

資料來源：CMoney法人投資決策系統

　　當時我從「艾蜜莉定存股」App 看到，聯強的便宜價

為 32.79 元。雖然，32 元是便宜價，但不能因為一看到進

入便宜價就盲目買進，所以，我進一步檢視聯強還是不是

好公司？同時分析這次的利空原因，是否會讓公司股價一

蹶不振？所以，我們從財報來開始找端倪。

　　來看一下聯強2015年第3季的財報資料（圖表5-2），可以看到2015年第3季是成長的趨勢，營收845億元、營業利益13.1億元、稅後盈餘3億元，表現優於2014年同期，營運績效也比同年第2季改善許多，營業利益甚至創下近8季次高，但是第3季的每股盈餘（EPS）卻只剩0.19元！

圖表5-2 聯強（2347）2014～2015年損益表　　單位：百萬元

年季	2014Q4	2015Q1	2015Q2	2015Q3
營業收入淨額	84,736.44	70,236.83	73,178.38	84,507.07
營業成本	81,778.10	67,525.76	70,579.64	81,495.72
營業毛利	2,958.34	2,711.07	2,598.74	3,011.35
營業費用	1,987.84	1,274.87	1,683.43	1,701.30
營業利益	970.50	986.20	915.31	1,310.05
營業外收入	801.44	806.81	904.52	758.94
營業外支出	84.6	449.32	144.18	1830.68
稅前純益	1,687.34	1,343.69	1,675.65	238.31
稅後純益	1,446.02	1,210.40	1,369.18	347.30
每股稅後盈餘（元）	0.87	0.73	0.82	0.19

資料來源：理財寶-股市，2014年第4季～2015年第3季。

既然本業收入還不錯，EPS 怎麼會那麼低呢？答案就出在「營業外支出」暴增到 18.3 億元！這就是造成本次聯強股價大跌的利空原因！

⑤ 未實現匯損 造成營收大失血

那麼這筆「營業外支出」怎麼來的？仔細來看，財報數據顯示聯強 2015 年第 3 季在淨外幣兌換（損失）利益為 15.5 億元（圖表 5-3），比前一年同期多了 2 倍以上！

圖表5-3 聯強（2347）財報顯示匯損達15.5億元

(二十六) 其他利益及損失	104年7月1日 至9月30日	103年7月1日 至9月30日
透過損益按公允價值衡量之金融資產淨利益	$ 6,960	$ 9,997
淨外幣兌換(損失)利益	(1,551,494)	65,290
處分不動產、廠房及設備暨投資性不動產 利益	2,080	3,536
投資性不動產之相關費用	(56,226)	(48,093)
其他	(6,110)	(1,394)
合計	($ 1,604,790)	$ 29,336

資料來源：公開資訊觀測站

　　此外,聯強發布的說明稿也指出,這筆營業外支出的主因是人民幣波動劇烈,因為人民幣的貶值導致巨額匯損。我判斷此次人民幣造成的匯損只是一時的,不會對聯強這家公司造成長久的影響。

　　但這個匯損事件讓聯強股價跌到 30 元左右,低於便宜價 32 元,我立刻把握機會分批買進,並且持有的時間設定為 3 個月～ 3 年。我認為股價漲時我可以賺價差,股價跌時我可以領股息,等到價差達 20% 左右分批賣出。

　　最後,聯強在 2017 年 10 月、11 月股價就來到了39 ～ 41 元,不含股息的價差報酬率有 20% 以上,算是一次不錯的操作。

　　在這之後,聯強屢次遭遇股價大跌情況,包括 2016 年外幣匯損達到 7 億元、2018 年第 3 季匯損達 3.8 億元,2022 年第 2 季景氣下滑、庫存過高……最後股價都是止跌回升。

　　一間好公司,平常沒事不太容易回到便宜價,通常是在利空事件發生後才有機會,不過利空的嚴重性可大可小,應該學會怎麼分辨是轉機還是危機?短暫性的利空影

響，時間可以沖淡一切，不會傷害到公司本質，所以股價下跌甚至來到便宜價的話，我可能衝第 1 個撿便宜。

只要本業體質穩健，短暫的利空反而是價值投資者分批出手的最佳時機！

圖表5-4 聯強（2347）體質良好 遇下跌會回穩

資料來源：CMoney法人投資決策系統，2017/11～2024/1。

5-2 艾蜜莉定存股②緯創
遭多項利空襲擊
好公司體質不變

公司財報公布後,如果數字表現很差,先不用太慌張,整理原因後再去解讀是不是永久性的衰退?不是的話,那就是短暫利空,好公司股價下跌反而就是機會了!

　　位 8 歲的女孩拿着 3 塊錢來到瓜園買瓜,瓜農覺得錢太少,看到小孩覺得年幼可欺,於是指著一顆尚未成熟的瓜,唬她說:「3 塊錢只能買到小瓜」。女孩答應了,開心地把錢給瓜農。瓜農沒想會成交,反而問說:「這個瓜還沒熟,你要怎麼吃呢?」女孩說:「我既然付錢了,瓜就屬於我的了,等它成熟了,我再來拿就好啦!」

　　這瓜,就好比緯創(3231),買對了,就要等它成熟

收割了。

AI 概念股在 2023 年一飛沖天，話題之一的緯創股價翻倍漲，即使 2023 年 7 月 25 日盤後公告旗下子公司出清立訊所有持股，損失約 55 億元，但緯創完全不受利空影響，依舊漲 4.5 元，尾盤坐收 156.5 元。隔 2 天，波段高點來到 161 元！

這讓人忘記緯創在 2023 年之前的股價，長期維持在 30 元上下區間！身為「代工 5 虎」的緯創，到底有何厲害之處？

⑤ 搭上 AI 熱潮 定存股變飆股

緯創成立於 1979 年 5 月 30 日，公司資本額約 290 億元，專注在資訊及通訊科技的產品代工，包含：筆記型電腦、平板電腦、桌上型電腦、AIO PC、工業電腦、顯示器、智慧型手機、工作站、伺服器、網路儲存設備等。由於深耕 ICT 產業，GPU 伺服器從設計到系統整合，都有自己的模組測試方式，不只是輝達指定的伺服器供應商，相關技術和經驗在 5G、AI、IOT 領域更是一大優勢。

　　緯創在全球共有 13 個製造基地、9 個研發技術中心及 15 個客戶服務中心，遍布亞洲、歐洲及北美等地，外銷高達 99%。產品銷售及原料採購主要以美元報價，直接降低匯差問題，也達到自動避險效果。

　　為因應疫情，緯創加速遠端工作與教學、AI 應用需求，在高獲利的伺服器市場表現不俗，因此雖然年營收成長看似平緩，每股盈餘卻是穩定成長，不論是子公司還是母集團，同步帶動獲利。

圖表5-5 緯創（3231）獲利穩定成長

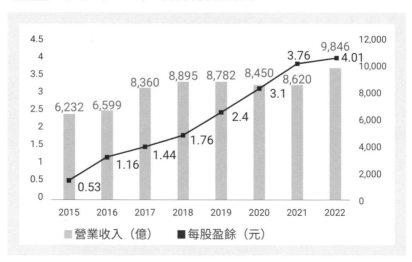

資料來源：CMoney法人投資決策系統

　　股利方面，緯創從 2005 年開始發放股利，連續發 16 年以上，2022 年配發現金股利 2.2 元，以當時往前推近 10 年平均殖利率，大約 7.47%，超越過往 5 年平均的 6.6%。

　　不過，2022 年的緯創卻是多災多難！重大事件包括：南印工廠發生千人暴動砸廠事件，損失台幣將近 1.7 億元；宣布認列持有立訊股票的評價損失；遭 MSCI 剔除成分股……當一家好公司發生利空消息，股價才有機會變便宜，這也正是價值投資者撿寶的好時機！

　　我買股票除了要便宜，也堅持殖利率在 4% 以上、近 10 年要連續配息，漲了賺價差，跌了賺股息，所以不論漲跌，我都可以平常心。

　　我從 2021 年開始買緯創，來回賺了幾次價差，2022 年也持續關注它。所以當緯創落入便宜價時，我在 2022 年 3 月 8 日以 28 元左右的價位買進第 1 批。

　　2022 年 7 月 5 日，我用 25.9 元買進第 2 批。由於緯創宣布會發 2.2 元股利，所以買在 25.9 元的這一批，等於殖利率是 8.49%，我覺得很不錯；如果還跌，我第 3 批的價格會等到 20.2 元左右再進場。

但在 2022 年 12 月 9 日，緯創回到 28 元以上，到了 2023 年，股價更是一路往上攀升，當獲利達到 10% ～ 20%，我開始分批賣出。估算一下，我的殖利率約 8% 左右，賣出價差約有 20% 以上獲利，總共賺 30% 以上！

💲 是福還是禍？ 看懂內情安心抓寶

前面提到，2022 年時緯創印度工廠經營不順利、中國上海疫情並未好轉導致影響出貨、持有立訊股票不斷下跌，甚至被 MSCI 剔除……為什麼這些壞消息頻頻發生，我卻還敢買緯創？

MSCI 季度調整剔除成分股

先來講 MSCI。MSCI 指數就是指摩根士丹利資本國際公司所編製的股價股數，許多研究人、法人都會參考 MISC 作為投資組合，企業也會因為被列入或是被剔除 MSCI 成分股，股價有明顯波動。

MSCI 於 2022 年 2 月 10 日公布季度調整結果，緯創從全球標準指數成分股刪除，轉進小型指數，於 2 月 25 日收盤生效。緯創在公告當天股價下跌，跌幅達到 5%！

圖表5-6 遭MSCI剔除 緯創（3231）股價大跌

> 2022年2月遭MSCI調整剔除成分股，股價跌幅達 5%

資料來源：CMoney法人投資決策系統

　　只是遭到 MSCI 指數成分股調整，造成法人、基金、ETF 等連動賣股而股價下跌，我覺得不是緯創的公司經營本質或競爭性變差，因此這是小問題，若股價下跌，反而是投資人的機會。

印度廠工人遭欠薪引發暴動

　　再來談一下印度工廠。2022 年印度疫情嚴重，緯創印度工廠發生暴動時，設備遭到損毀，iPhone 產品失竊，導致耶誕旺季前夕停工 2 週，損失將近台幣 1.7 億元。緯

創當時被列入蘋果的觀察名單，甚至丟了 iPhone 12 Pro Max 的訂單。

事件起因是延遲支付員工薪水，而緯創當時是找當地的勞務承包商，所以直接支付員工薪資的其實是承包商。鴻海（2317）的工人同樣由當地的勞務承包商負責，而出事的宿舍也是由承包商提供。

我對這件事的感想是：印度有文化與語言隔閡，所以可能出現員工、承包商、雇主的 3 方溝通問題，而這類問題其實是台灣廠商共同會遇到的問題，像鴻海也曾發生環境不佳、員工中毒造成抗爭的事件，所以台灣的廠商還在摸索如何在印度跟員工、廠商共處的模式。

這部分我覺得不算是嚴重的利空，除非是印度廠出貨占整體營收較高的比例，但目前比例不高，所以給公司時間調整就好了。

認列立訊評價損失

最後就是持有立訊股票的問題。緯創持有陸廠「立訊精密」是採用「透過損益按公允價值衡量之金融資產」，意思是立訊股票的評價損失都要認列在緯創的 EPS。

換句話說，緯創將廠房從中國移往印度，印度發生疫情、工人抗爭事件，而中國廠賣給立訊，相對應改持有立訊股票，所謂的評價損失就是每一季財報會公告持有資產的帳面價值，類似投資人持有股票的帳面損失概念。

從緯創 2022 年第 1 季的損益表（圖表 5-7）可以看出，「其他利益及損失」項目有大筆虧損 33.52 億元，導致最後歸屬母公司的本期淨利是損失 8.6 億元，也讓緯創第 1 季每股虧損 0.31 元。

圖表5-7 緯創（3231）2022年第1季財報

其他利益及損失		(3,352,903)	(2)	(1,959,583)	(1)
財務成本		(690,163)	-	(446,956)	-
採用權益法認列之關聯企業及合資損益之份額		101,584	-	83,425	-
營業外收入及支出合計		(3,379,073)	(2)	(1,837,324)	(1)
稅前淨利		467,217	-	1,240,037	1
減：所得稅費用(附註六(廿二))		103,406	-	290,512	-
本期淨利		363,811	-	949,525	1
其他綜合損益(附註六(八)(廿二))：					
不重分類至損益之項目					
透過其他綜合損益按公允價值衡量之權益工具投資未實現評價損益		(320,316)	-	92,820	-
減：與不重分類之項目相關之所得稅		25,175	-	(2,039)	-
		(345,491)	-	94,859	-
後續可能重分類至損益之項目					
國外營運機構財務報表換算之兌換差額		2,417,081	1	(286,844)	-
採用權益法認列之關聯企業及合資之其他綜合損益之份額—可能重分類至損益之項目		101,873	-	(18,224)	-
減：與可能重分類之項目相關之所得稅		-	-	-	-
		2,518,954	1	(305,068)	-
本期其他綜合損益		2,173,463	1	(210,209)	-
本期綜合損益總額	$	2,537,274	1	739,316	1
本期淨利歸屬於(附註六(十二)(廿三))：					
母公司業主	$	(860,315)	-	112,612	-
非控制權益		1,224,126	-	836,913	1

資料來源：公開資訊觀測站

緯創從 2022 年第 1 季開始受到持股立訊跌價損失的影響，讓整季的稅後淨利呈現倍數衰退，但事實上認列跌價損失是業外因素，並不是本業真的大幅衰退；到了 2022 年第 2 季，緯創稅後淨利已經恢復到正常水準，EPS 高達 1.53 元，也創下歷年次高！

所以，所謂的業外一次性認列，大概就是這個意思。

重點就是這個業外的數字，大多都不是持續性的影響，都是一次性，下一季可能就會消失，簡單來說，就是非本業造成的虧損！在公司財報公布後，如果數字表現很差，先不用太慌張，整理原因後再去解讀是不是永久性的衰退？不是的話，那就是所謂的短暫利空。永遠記得，好公司股價下跌反而就是機會了！

⑤ 獲利沒翻倍不可惜 堅守紀律更穩當

2022 年的利空事件很多，很多股票都出現不錯的價格，不過，也因為這樣，我在買股票的時候就更謹慎，除了原本就有在買的股票以外，其他股票要接近合理價，甚至在便宜價以下，才會考慮是不是要買。

　　緯創這位老同學，讓我在 2021 年、2022 年都有不錯的收穫。因為買在好價格，又有資金規劃，所以，不管漲跌，我都有應對方式，可以安心抱著緯創。有辦法長抱的人或許可以賺好幾倍，但對我來說，只要達到停利目標，沒有翻倍賺也不會心疼。

　　所以，大家一定要選擇自己理解的公司、做好功課，不要盲目跟單，最後再慢慢分批進場，堅守紀律，這樣一定會賺得比我多！

5-3 艾蜜莉定存股③鴻海
缺乏護城河優勢
越跌還越敢買？

雖然代工業難有護城河優勢,但鴻海卻可以做到讓同業較難搶單,
且未來已布局人工智慧、雲端、電動車……加強本身優勢,檢視體
質評分後,還是很值得投資。

以前我的一位朋友,拿到新手機之後,都會把手機拆開一遍,然後一邊看一邊說:「喔!晶片是用聯發科的,某某零組件是用哪一牌的……」看完之後,再把手機組回去,令我嘆為觀止!

如果我們拆開自己的手機或筆電,可以看到很多電子零組件,把這些大大小小零組件組裝成為完整的手機或筆電的公司,就是電子代工組裝廠。

鴻海（2317）全名為鴻海精密股份有限公司，成立於 1974 年 2 月 20 日，並於 1991 掛牌上市。如果從創辦起算，到 2024 年滿 50 年了。另外鴻海的創辦人郭台銘，因為想參選總統以及各種議題，在台灣也是無人不知、無人不曉的大人物！

鴻海主要經營項目有：組裝代工消費電子產品，以及電腦系統設備、周邊的連接器等等，在 2022 年台灣電子代工服務領域排名第 1 名，全球市占率約 4 成！

💲 無護城河優勢 但市占高、專利項目多

就我的看法而言，鴻海並沒有太大的護城河優勢。沒有護城河優勢的股票，值得買嗎？

讓我們先談一下護城河的評估方式，我們從巴菲特致股東信看到，企業的護城河如果每年不斷地拓寬，這家企業會經營得很好！而一家真正偉大的公司必須有一條堅固持久的護城河，會保護它的高投資回報，而護城河真正的意思，其實就是「企業可持續的競爭優勢」。

從巴菲特買的有護城河的股票來觀察，他偏好「有獨

占性質、長期會成長」的股票，包含成長性高、高毛利、自由現金流高、股東權益報酬率高。

但這些體質其實台灣的「代工股」都沒有，因為這類公司本身只是接受客戶委託訂單製造商品，比較偏向製造產業，這種產業沒有訂價權，而且代工業之間並沒有明顯的區別性，並不會有「非你不可」的優勢！

再加上各家代工廠競價就會導致低毛利、低成長的結果，各家毛利可能僅在 3% ～ 4% 不等（號稱毛三到四）。雖然鴻海的毛利低，沒有明顯的護城河，沒有訂價權，但鴻海仍有多項企業經營的優點：

優點① 專利權

鴻海申請的專利權幾乎是台灣公司前 3 名，透過生產、製造等技術上的領先，可以有效嚇阻同業的追逐，也能爭取到更多額外的訂單。

優點② 產業龍頭股

鴻海為代工業龍頭股，公司排名全球 500 強第 27 名，市值是台灣第 2 大，在筆電、PC、手機相關產業技術上有著領先的地位。

優點③ 低成本

全球化且以水平、垂直整合上下游產業的模式降低生產成本，近期也投入智慧製造，大幅降低人力成本，代工量也能再提升，可以跟廠商爭取更好的價格。

優點④ 速度快、品質好

雖然代工品質在業界而言非最佳，但以其速度、品質已稱得上合格，加上近期使用機器人配合工業大數據、雲端智慧等優勢，可以用更少的人力提供更優質的代工效率。

優點⑤ 基本面穩定

鴻海近 10 年來，年年賺錢，而且年年發得出股利。

$ 體質狀況為示警 逐項解析原因

所以雖然代工業難有護城河優勢，但鴻海卻可以做到讓同業較難搶單，且未來已布局人工智慧、雲端、電動車……加強本身優勢，以下來看看鴻海的體質評估。

體質評估項目中，我的標準是 10 項要有 7 項合格，才能算是「正常」。因為 2023 年第 1 季時，「艾蜜莉定存股」App 顯示鴻海 10 項裡有 4 個不良項目（狀態顯示

為警示），我特地用這份資料來和大家討論，把鴻海體質裡的不良項目一個一個拉出來仔細看，讓大家實際了解如何判讀「艾蜜莉定存股」App 中體質的健檢指標（體質評估數字每季根據財報會不同）。

①不良項目 5 是否業外虧損

首先看「是否業外虧損」的項目，鴻海業外損失金額大，主要是因為 2023 年第 1 季依持股比例認列轉投資公司夏普的減損金額。

　　雖然鴻海在本業方面獲利穩健，但業外損失約 201 億元，其中認列持有的日本夏普公司轉投資所帶來的虧損就高達 173 億元，使整體獲利表現不佳，EPS 僅剩下 0.93 元。

　　值得注意的是，鴻海持有夏普公司 34% 的股權，也是最大單一股東。然而，鴻海對於夏普股東會並沒有過半的表決權，也不能實際主導夏普的營運活動。因此，鴻海對夏普的營運決策和管理並不具有控制力。這種情況可能使鴻海無法直接控制夏普的經營方向、改變夏普的財務狀況。

　　因此，投資人在觀察鴻海時，需更加謹慎評估對夏普投資的風險和回報。

　　鴻海在是否業外虧損上，的確值得警示！

②不良項目 6 是否營收大灌水

```
6.是否營收大灌水 ⓘ                    警示

營收灌水比率        30.75%
```

　　營收灌水比率公式：（近 1 年應收帳款＋近 1 年存貨）÷ 近 1 年全年營收。貨出得去，重點是錢要收得進來，這

個比率可以幫我們判斷現金有沒有收回，才能避免假交易的狀況發生。鴻海的營收灌水比例為 30.75%，僅比我設立的合格標準 30% 略高一點，基本上可以算是「通過」，不需要擔心。

③不良項目 8 是否欠錢壓力大

8.是否欠錢壓力大 ⓘ	警示
負債比率	56.2%
流動比率	159.47%
速動比率	111.25%
利息保障倍數	2.38 倍
破產指數	3.21

在這個項目中，負債比率小於 50% 算合格。負債包含跟銀行的借款、尚未支付給廠商的款項等，若是比重太高，欠錢壓力就大了，銀行突然抽銀根，公司就會面臨資金短缺的風險了。

鴻海負債中，金額最高的是「應付帳款」，達 6,766 億元，應付帳款是要付給廠商的帳款，因為時間還沒到，

尚不需要付現金，因此這個項目對公司營運不會有太大影響，況且電子代工同業的負債比都很高，例如廣達負債比 77.2%、緯創負債比 71.62%、仁寶負債比 72.7%、和碩負債比 67.31%，這算是電子代工業一貫的現象！

鴻海在是否欠錢壓力大上，我覺得可以認定是「正常」通過的！因為它的負債中，金額最高的是應付帳款，這一個項目沒有關係，更何況，同業的負債比都很高。

④不良項目 10　是否連內行人都不想持有

> **10.是否連內行人都不想持有** ⓘ　　**警示**
>
> 董監和法人持股比　　55.52%
> 董監事股票質押比　　49.3%

這部分可以判斷，內部人是不是願意持有自家公司股票，如果不願持有，可能代表企業有重大問題，內部人先得知趕快出脫股票，所以股票質押部位太高也不好，財務風險會比較高。

董監事股票質押比小於 33% 為合格標準，鴻海的董監

事股票質押比率為 49.3%，遠遠超過合格標準的 33%，長期以來鴻海的質押比都偏高，以創辦人郭台銘為最大者，郭台銘時常都有設質、解質股票的習慣，屬於大股東個人理財規劃或資金調度，並無異常。但質押比太高畢竟不是什麼好事，所以我這一項就不給通過！

總結鴻海的體質評估，原本 10 項裡有 4 項警示、6 項正常，經過以上分析調整後，發現鴻海是 10 項裡有 2 項警示、8 項正常的好公司！

💲 好公司也要好價格才能買

既然確認了鴻海是好公司，但也不是「隨時買、一路買、不要賣」(這只是理專的話術罷了)，好公司要遇到好價格，此時才完美！

只是好公司，大家都知道好公司平常價格都拱得高高的，要怎麼樣才能買到好價格呢？只能等到公主落難的時候，再一舉拿下她的芳心了。

再好的公司，都有遇到亂流的時候！ 2018 年 3 月 22 日中國與美國開始「中美貿易戰」。貿易戰的起源是當時

任職美國總統的川普在簽署備忘錄時，宣稱「中國偷竊美國智慧財產權和商業秘密」，並要求美國對從中國進口的商品徵收關稅，這樣一來，除了涉及商品總計估達 600 億美元，還同時擴大其他貿易壁壘，這讓母公司及旗下多隻小金雞的子公司都在中國的鴻海，有了大跌的「機會」。2019 年 1 月 9 日鴻海跌到 69.9 元（便宜價）左右，這時候就可以買進。

　　然後賣的時機點，我們可以用便宜價買、賺到 20% 以上分批賣的方法；也可以用便宜價買、等到合理價或昂貴

圖表5-8 鴻海（2317）股價走勢

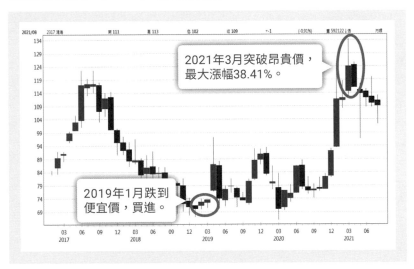

資料來源：CMoney法人投資決策系統

價再分批賣的方式！

後來利空淡化後，鴻海股價又一路往上漲，不僅突破合理價 86.51 元，更突破昂貴價 112.68 元（最高為 2021年 3 月 23 日的 113.5 元）！這波的最大漲幅為（113.5 － 69.9）÷113.5 ＝ 38.41%。

5-4 艾蜜莉定存股④廣達
達設定獲利目標
少賺不要覺得可惜

我在 70 元附近買進廣達，獲利達 10% 後分批賣出，之後廣達股價
一路上漲，但我不覺得可惜。達成財富自由的關鍵，是每次都達成
設定的目標，這個才更重要！

有一天，烏龜和兔子在聊天，不知不覺說到誰跑得比較快，於是兔子便邀約烏龜比賽跑步。一開始，兔子大幅領先烏龜，但不久後，兔子便開始輕敵，認為即使小睡一下，烏龜仍追趕不上地，於是到路邊睡覺。結果烏龜後來趕上，等到兔子醒時，烏龜已經到達終點了。

〈龜兔賽跑〉是《伊索寓言》中的一則寓言故事，雖然一般人對烏龜沒有特別的喜愛，但是廣達（2382）董事

長林百里卻喜歡自喻為烏龜，奉行踏實、堅持到底的「烏龜哲學」。

身為蘋果代工廠之一的廣達，在 2004 年登上筆電代工一哥，筆電及主機板在 1990 年代的台灣炙手可熱，股價曾漲到 850 元，堪稱傳奇。

隨後智慧型手機問世，台灣 PC 大廠紅利轉弱，毛利與股價一起溜滑梯，廣達從 800 多元跌破 50 元關卡。不管股價如何，廣達一直以來都受到電子業存股族的青睞。為什麼廣達會是存股族的最愛之一呢？

⑤ 全球筆電製造商要角 遇系統性風險大跌

先來了解廣達的背景，成立於 1988 年的廣達電腦，是全球前 3 大電腦代工廠之一，同時也是美國《財富》雜誌評選的世界 500 強公司之一，位居全球筆記型電腦研發及製造的領導地位。

此外，廣達業務延伸至雲端運算及企業網路系統解決方案、行動通訊、智慧家庭、汽車電子、智慧醫療、物聯網及人工智慧應用等市場。

　　廣達以台灣為研發與製造中心，版圖橫跨亞洲、北美、拉丁美洲、歐洲及東南亞等地區，並整合美洲、歐洲和亞洲各廠，提高全球製造與銷售的競爭力。在伺服器方面，也獲得北美 4 大雲端服務供應商的訂單，成為白牌伺服器的指標企業。車用電子業務，也與特斯拉、通用汽車等世界品牌建立合作關係。

　　自 2020 年疫情爆發以來，宅經濟顛覆大家原有的生活模式，也造就全球筆電需求量一直居高不下。但遇到了驚心動魄的 2022 年，廣達也難免受到影響，2022 年跌了一整年，大盤跌，個股也跌，台股全年下跌超過 4,081 點！

　　造成 2022 股市下跌的原因是：①俄烏戰爭（2 月）引發原物料大漲，通膨高漲；②聯準會啟動升息和美國通膨率走高；③地緣政治風險增高。

俄烏戰爭引發原物料大漲

　　2022 年 2 月 24 日，俄羅斯入侵烏克蘭，這場戰事超過 2 年還沒有結束，這期間包括半導體產業、供應鏈、原物料都受影響，導致全球市場供需失衡，連帶牽連油價、糧食、國際貿易，原物料價格因此居高不下。

美國通膨走高聯準會啟動升息

2022 年 3 月，美國聯邦基準利率啟動首次升息以來，1 年內升息了 17 碼共 4.25%，貨幣緊縮政策帶動美元走強，2022 年美元指數一度大漲 19.6%，為了壓抑通膨而拉升利率，反而產生經濟衰退的疑慮。

雖然美國積極升息，但是民生物資物價居高不下，引發通貨膨脹的陰影，逐漸影響民眾消費力，廠商獲利因此下滑，資金不足、體質不好的企業難以存活。

美元升息走強，一整年下來，國際美元指數上漲約 9%，相對來說台幣兌美元就是貶值。在戰爭、通膨、升息 3 大因素下，全球股市多數是下跌狀態，當然台灣股市也不例外。

地緣政治風險增高

再說到政治風險，2022 年 8 月 2 日，美國眾議院院長裴洛西晚間飛抵松山機場，3 日結束訪台行程，這是 25 年來訪台的最高階層美國官員。這場旋風式訪台，讓兩岸情勢緊張，也讓台股一度重挫逾 300 點，終場大跌 234 點。中國也為此宣布 8 月 4 日起實彈軍演，形同封鎖台灣 3 天，

引發台海危機疑慮。

綜觀來說，聯準會升息、美國通膨率走高，接著爆發俄烏戰爭，使得金融市場擔心中國是否會趁機攻台；之後美議長裴洛西訪台，引發中國強烈抗議，軍演封鎖台海3日，戰爭風險升高，投資信心下降，雖然短期台海發生戰事機率不高，但未來幾年仍有地緣政治的風險。

此外，除了這3大事件，中國因為疫情延燒，上海在2022年3月27日無預警封城，以黃浦江為界，要求所有企業封閉生產或居家辦公，廣達在中國上海設有廠房，2020年也曾遭遇封城導致營收下滑，後來隨著復工步上正軌，因此這次封城被視為短暫性的利空。

以上這些都屬於「系統性風險」，而不是單一個股的利空，聰明的投資人此時就會等待好公司估值合理時，再分批買進。

這時候，我們就要來看一下廣達的營收狀況。

💲 營收平穩 連續配息逾 30 年

廣達在 2022 年筆電出貨量雖然下降 23%，僅約 5,770

萬台，但整體營收的年成長率卻增加了 13%，全年營收達 1.28 兆元。2022 年第 1 季營收達 3,018 億元、第 2 季營收達 2,705 億元、第 3 季營收達到 3,821 億元，第 4 季營收 3,261 億元。

再加上非筆電產品的占比上升、2022 年全年外匯收益高達 67 億元，有助提高淨利，也創下每股盈餘歷史第 2 高的 7.51 元。更吸引人的是，廣達連續配息逾 30 年，殖利率約有 5%〜7%，難怪成為存股族的標的之一。

圖表5-9 **廣達（2382）近年獲利表現**

資料來源：CMoney法人投資決策系統

⑤ 營運穩定 跌價時分批買進

廣達一直以來是艾蜜莉的觀察名單,當廣達符合紅綠燈估價法合理價以下,以及股價光譜便宜價綠燈時;再加上會配息 6.6 元,換算成殖利率大約 8.75 %,我覺得還不錯!因此,我在 2022 年 5 月 17 日用約 75 元的價格買入廣達。做好資金控管很重要,我的投資策略是從原價、9 折、8 折、7 折、6 折、5 折這樣一路買下去。

時間來到第 3 季,我認為雖然到了年尾筆電還在去化庫存,但也不是都沒有好消息,蘋果新款 Macbook pro 包括 14 吋、16 吋,廣達都是主力代工廠。此外,廣達一直在布局的 5G 應用,尤其是雲端資料中心,因為 Meta 跟 Google 積極擴張的關係,間接幫助廣達拓展市占率。

再者,廣達在車用方面也拿到全球第 5 大的通用集團,自駕車載電腦 JDM、ODM 的 1,400 萬套的訂單,滲透率約有 5 成,並且預計 2025 年開始出貨,這些都算是很好的成績單。

多元的產品組合維持住營運和營收,對我來說就是穩定的好公司,所以,廣達越跌,我當然敢越買了!

因為我第 1 批買在 75 元附近，9 折就是 67 元左右，2022 年 11 月 4 日出現波段最低點 66.2 元，此時離便宜價 63.25 元不遠，符合第 2 批買進原則，所以決定買進。買進後平均成本約 70 元，原本預計第 3 批要等跌到紅綠燈的便宜價再進場，但到了 2023 年，台股開始一掃陰霾，由於我的廣達平均成本約 70 元，當初不是在便宜價買的，而是合理價買的，所以獲利達 10% 以上，我就開始分批賣，於是在 2023 年 2 月 7 日分批獲利了結。

$ 搭上 AI 浪潮 股價一飛沖天

乘著 AI 浪潮，從 2023 年後一路噴發起飛的廣達，截至截稿為止，股價波段最高點來到 282 元。雖然人不可能買到最低、賣到最高，但去頭去尾只吃魚身的話，還是可以賺到 20% ～ 50% 以上！

或許有些人會覺得可惜：「賺得不夠多」，但我覺得：「不可惜，有賺就好。」我認為達成財務自由的關鍵，不會只是 1、2 次的倍數獲利，而是每次都達成自己所設定的目標，這個才更重要！

5-5 艾蜜莉定存股⑤台達電
好公司經得起考驗 遇一次性股災不怕

台達電一直是我心中的好股票，現在價格一直落在昂貴價附近，不過我一樣會耐心等待，期待下次還有短暫性利空或是一次性利空，再來買進！

走在路上，看到一台台的電動車，你可能已經覺得不稀奇；走到停車場，看到充電樁，你也已經見怪不怪。但你可能不知道的是，第一家打入全球電動車龍頭特斯拉供應鏈的台廠，是台達電（2308）！

除了大型充電樁之外，或許大家手上的充電器，也可能是出自台達電之手。畢竟身為全球市占第 1、電源產業佼佼者的台達電，在各種電源供應器的市場中，始終占有

一席之地。

⑤ 電源供應大廠 奠定 5G 利基點

台達電成立於 1975 年，1988 年在台股掛牌上市，它是全球最大交換式電源供應器廠商，處於產業中游，2010 年，以自有品牌「Delta」行銷世界。究竟成立 45 年的台達電具備哪些優勢？

全球電源供應器龍頭廠商

台達電主要營業項目包括電源及零組件、自動化以及基礎設施，旗下客戶涵蓋科技、消費、汽車等世界知名品牌及大廠，但因為 PC 產業飽和，所以積極切入工廠自動化、樓宇自動化以及電動車及儲能應用，新產業帶動企業獲利。

提供客製化企業服務

台達電具備客製化能力，替企業量身打造資料中心，不斷電系統市占率達 25%；對於基礎設施解決方案，也有 7 成以上市占率，這對於長期布局自動化生產的台達電來說，有利搶進 5G 商機。

圖表5-9 台達電（2023）主要業務

部門	事業群	產品
電源及零組件	電源供應器	伺服器、通訊、PC、NB、遊戲機、UPS等
	被動元件	被動元件、電源與光通訊模組等
	風扇與散熱	變頻器、車載空調HVAC、座椅風扇、熱管、均熱板等
	汽車電子	車載充電器、DC-AC 轉換器、驅動馬達等
自動化	工業自動化	變頻器、馬達、機器人、CNC控制器、檢測設備
	樓宇自動化	LED照明、監視器、照明解決方案等
基礎建設	資訊通訊技術	通信電源、資料中心解決方案、UPS、路由器、交換機
	能源基礎設施系統	電動車充電站、太陽能逆變器、風電轉換器、儲能等

資料來源：艾蜜莉整理

全球前 5 大充電樁供應商

除了本業穩定之外，台達電也積極布局綠能產業，包括太陽能、LED、電子紙及鋰電池等領域。在台灣發展風力發電上，台達電提供最重要的發電機組，換句話說，對於政府能源政策發展，台達電擁有相對優勢。

另外，台達電投入汽車領域 10 多年，早在 2010 年就

拿下特斯拉訂單，2016 年開始出貨給北歐地區電動車用充電樁。另外，車載充電器也供應美國 3 大車廠——通用汽車、福特和克萊斯勒，電動車相關應用及充電樁，未來具有強大成長動力！

這麼優秀的股票，股價是很難跌到好價格，但在 2020 年初，我等到了一次好機會。

💲 連 30 年發股利 因疫情股價大跌

2020 年初，全球多國陸續出現 COVID-19 病例，之後變成一場全球性大瘟疫，感染、死亡人數眾多，人民不敢出門、保持社交距離，因此間接削弱或消滅了某些行業。這個時候，市場對未來充滿恐懼，許多股票紛紛開始下跌，台達電也出現了好價格！

我們先來看當時台達電的一些營收數據。台達電在 2020 年 3 月 11 日公布 2019 年第 4 季營運成果，因為生產成本削減，再加上被動元件等高毛利帶動之下，不只 2019 年第 4 季毛利率來到 29.3%，甚至 2019 年全年獲利數據，也創下歷史新高！

　　股利也從 1984 年開始發放之後，30 多年來從未間斷！從 2010 年起，台達電更是連年配發現金股利超過 5 元，近 10 年平均殖利率達 3.8%，這也符合我要求好公司要年年配發股息的條件！

圖表5-10 台達電（2308）近年獲利表現

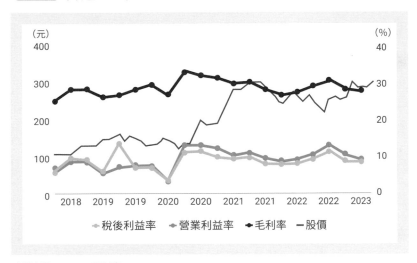

資料來源：CMoney理財寶

💲 10 年一遇好機會 用耐心等到便宜價

　　像台達電這樣的資優生，雖然遇到疫情，也不得不低頭，但對我來說，卻是不可多得的機緣。台達電股價一度

跌到本益比河流圖及股價光譜的下緣，但我卻判斷這只是一次性的利空，就如同 2003 年的 SARS 傳染病一樣，也僅是一時造成股市下跌，我認為這是 10 年難得一次的好機會！

畢竟，在價值投資者心中，用合理價格、甚至是意想不到的低價，買進一支優秀的股票，實在是一件令人開心的事情。所以，我在 2020 年 3 月 16 日後陸續買進台達電，總平均成本約 122 元。

後來 2020 年 6 月 2 日台達電股價回到 146 元左右，我的獲利接近 20%，開始分批賣出，雖然以波段高點 385 元來看，好像「少賺」了一大段，但我從來不這麼想，因為人是不可能一直猜到股價最高點和最低點的！與其每一次賣出後再漲就感到煩心，再跌又怕自己來不及賣完，不如依照剛開始自己設定的紀律，穩穩的賺，這樣才能到達財務自由的彼岸！

台達電的股價，在 2020 年之後落在昂貴價附近，我還是一直將它放在口袋名單內，持續觀察，未來若有機會落到便宜價時，才會再考慮進場。從這個例子也可以知道，

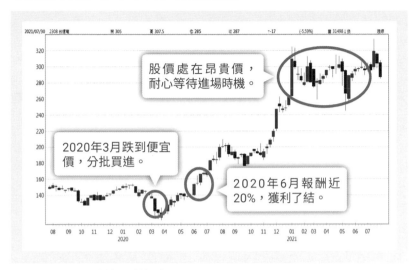

圖表5-8 台達電（2308）股價走勢

資料來源：CMoney法人投資決策系統

好股票都是經得起考驗，就算跌到便宜價，未來還是有機會重返榮耀！

💲 未來科技離不開 5G 台達電搶占先機

台達電從早期主要銷售電子零件為主，持續朝自動化布局邁進，逐漸轉型為方案解決系統廠，未來營收動能將聚焦於自動化、資料中心（伺服器、不斷電系統）、電動車、充電樁，尤其「充電樁」事業更擠進全球前 5 大，

2022 年全球出貨逾 200 萬套！

　　同年，台達電和遠傳（4904）以及台灣微軟，三方聯手打造台灣第 1 座 5G 智慧工廠，實際導入 5G 專網、無人搬運車、自主移動機器人、AI 瑕疵檢測數據分析、AI 產線平衡、智慧監控、MR 混合實境等先進應用。

　　未來的科技趨勢離不開 5G 相關應用，台達電生產基地在台灣，市場聚焦中、美；海外轉投資的泰達電，版圖也擴展至印度、歐洲，甚至收購德國車用高壓零組件供應商 TB&C，藉此增加營運競爭力及生產的彈性。

　　台達電一直是我心中的好股票，現在價格一直落在昂貴價附近，不過我一樣會耐心等待，期待下次還有短暫性利空或是一次性利空，再來買進！

投資筆記

尾聲
近年投資心得
與策略微調
——艾蜜莉景氣對策燈號存股法

歷經 2008 年金融海嘯後，全球股市受到美國量化寬鬆的影響，各國央行也跟進印鈔票，全球出現大量資金流入股市，而這些資金大多鎖定各國龍頭股買入，很多股票就算處於昂貴價，但還是持續上漲，導致台股的好公司股價與內在價值的距離越離越遠。

在這種情況下，我發現股票的估值在這幾年已經受到影響，採用逆勢價值投資法要等待的時間越來越久，且等待的時間還在不斷地拉長，所以我嘗試在投資策略中新增一種不管景氣好壞、市場漲跌都可以投資的方法，在市場與價值投資中尋求一種平衡，這種方法就是「艾蜜莉景氣

對策燈號存股法」。

我先來說說，什麼是「景氣對策信號」？

⑤ 5 種燈號 代表不同景氣狀況

「景氣對策信號」是由國發會編製的對策信號燈，每月公布，這類似交通號誌的 5 種顏色信號燈，各自代表不同意義，可以判斷景氣榮枯的變化，也同時反映政府對策。

「景氣對策信號」計算方式由 9 種指標組成，包括：貨幣總計數 M1B、股價指數、工業生產指數、製造業銷售量指數、批發、零售及餐飲業營業額、非農業就業人數、實質海關出口值、實質機械及電機設備進口值、製造業營業氣候測驗點（2024 年 1 月國發會將「非農業部門就業人數」以「工業及服務業加班工時」替換）。

國發會每個月會進行統計、公布，信號燈的顏色也會跟著分數變動。5 種燈號的顏色及代表含義如下：

①紅燈：38 ～ 45 分，景氣熱絡；
②黃紅燈：32 ～ 37 分，景氣轉熱；

③綠燈：23～31分，景氣穩定；

④黃藍燈：17～22分，景氣轉冷；

⑤藍燈：9～16，景氣低迷。

景氣對策信號5種顏色燈號

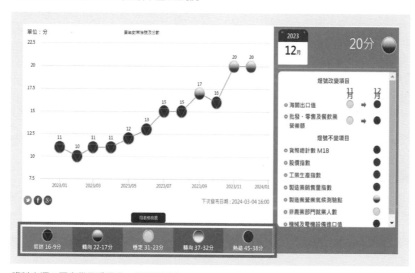

資料來源：國家發展委員會，2024/2/15。

💲 用燈號變化 作為進出場指標

那麼，景氣對策信號和大盤又有什麼關聯呢？

通常景氣好、股市就會漲；景氣壞、股市就會跌。所

以，當景氣對策信號降至黃藍燈的 17 分，甚至降到藍燈，

就代表目前台灣經濟由高走低，未來景氣走緩。台灣從2022 年 11 月一直到 2023 年 8 月，一口氣連續出現 10個藍燈，是史上第 2 長！（2023 年 9 月出現黃藍燈，10月又變藍燈，之後回穩至黃藍燈）

這時候需要恐慌嗎？當然不！從過往歷史就可以理解信號燈與台股走勢的關聯。

台灣過去共有 4 次發生景氣連續出現藍燈的事件，分別是：2000 年全球網路泡沫化、2008 年金融海嘯、2009年歐債危機，以及 2015 年 6 月至 2016 年 3 月受中國紅色供應鏈衝擊，這期間都是連續 9 顆景氣藍燈起跳，最高甚至來到 15 顆！

在景氣連續藍燈期間內，可以發現台股下跌波段相對頻繁，幅度也大，但此時的股價下跌不是因為體質轉差，而是整體大環境低潮，所以等到景氣好轉，股市和股價自然會回升。這對於價值投資者來說，就有機會撿到便宜的好股票！

股神巴菲特在《巴菲特寫給股東的信》寫說：「在別人恐懼時我貪婪，在別人貪婪時我恐懼。」既然燈號和股市呈現如此相關，因此，「艾蜜莉景氣對策燈號存股法」

就以燈號作為投資判斷依據，在股市低迷的時候，我開始定期定額為期 2～3 年的指數型 ETF 以及高股息 ETF。

⑤ 黃藍燈展開定期定額 提高獲利機會

為什麼是 2～3 年呢？主要就是當景氣在黃藍燈以下（包含黃藍燈或藍燈），也就是台灣產業景氣轉差時，有機會可以買到合理價或便宜價的股票。

依照以往台股的經驗，當景氣下修時，股市下跌的機會相對會提高，而如果此時連續買入 2～3 年的指數型 ETF 或高股息 ETF，降低平均成本，勝率就拉高了許多。

實際的操作方法是，假設我有 100 萬元閒置資金可以用來投資，黃藍燈一出現，我就會開始快速加碼，預計在 2 年（共 24 個月）之內投入全部的閒置資金，這樣算出來平均 1 個月要投入 41,666 元左右的資金，然後等到景氣對策燈號變成黃紅燈或紅燈時，再慢慢分批賣出。

那麼該買指數型 ETF 還是高股息 ETF 呢？可以依照個人的需求、狀況而定。如果是退休族或準退休族，可以買高股息 ETF，因為退休族群需要多一點現金在身上，選擇

投資領股息的資產最適合；如果是上班族或離退休年齡較遠的年輕人，甚至是幫小孩理財規劃，就可以選擇指數型ETF。

💲買齊 3 檔高股息 ETF 退休族月月領息

說到高股息 ETF，要選擇哪一種呢？如果你可以買齊元大高股息（0056）、國泰永續高股息（00878）、元大台灣高股息低波動（00713）這 3 檔高股息 ETF，由於配發股息時間不同，湊在一起剛好可以「月月領股息」。

① 0056 除息時間：1 月、4 月、7 月、10 月；

② 00878 除息時間：2 月、5 月、8 月、11 月；

③ 00713 除息時間：3 月、6 月、9 月、12 月。

這 3 檔 ETF 的選股策略，都是鎖定股息發放穩定的大公司，而且成交量也大，截至 2024 年 1 月，0056 資金規模約 2,602.82 億元、00878 資金規模約 2,509.48 億元、00713 資金規模約 534.01 億元，足見這些股票流動性佳，

可避免「要買買不到、要賣賣不掉」的窘境。

那麼，0056、00878、00713 各有哪些成分股和特性呢？以下帶大家一起來看看。

元大高股息 ETF

首先來看，0056 在 2007 年由元大投信所推出，算是資深的 ETF。2023 年成分股產業類股由 9 個增加到 15 個，2024 年 1 月底時前 10 大成分股為：聯詠、華碩、聯發科、聯電、大聯大、英業達、仁寶、文曄、和碩、宏碁，占總持股約 27%，各股看似占比均勻，但累計起來，電子工業類股占 68.94%，比重頗大，次產業為金融保險，占比 9.81%。

0056 近 5 年殖利率都有在 5% 以上，2022 年全年現金股利 2.1 元，殖利率達到 8.16%；雖然 2008 年、2010 年沒有配息，但隔年超過 8% 的殖利率，直接彌補口袋的遺憾。

國泰永續高股息 ETF

再來看到 00878，2020 年 7 月由國泰投信所發行，2024 年 2 月時前 10 大成分股包括：華碩、緯創、技嘉、

0056近年股利、殖利率表現

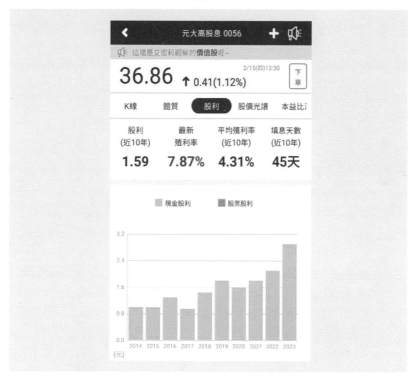

資料來源：「艾蜜莉定存股」App

英業達、大聯大、仁寶、廣達、聯發科、聯強、可成，
00878 的產業類別中，電腦及周邊設備占 33.44%、金融
保險占 20.98%。

　　00878 上市僅 3 年多，非常年輕卻成績亮眼！2022
年配發股利 1.18 元，年均殖利率為 6.69%；2021 年股

利 0.98 元,年均殖利率為 5.41%。核心選股理念包括:
ESG、近 4 季 EPS、產業權重均衡,降低單一產業波動風
險。不少投資人期待股息、股價兩頭賺,也難怪 00878 會
成為熱門標的。

00878近年股利、殖利率表現

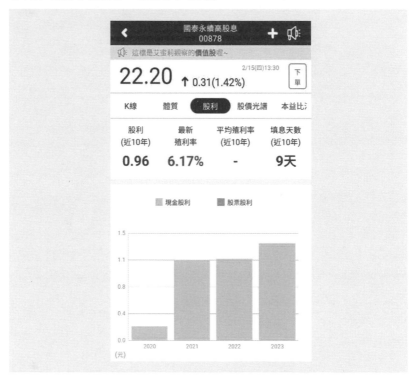

資料來源:「艾蜜莉定存股」App

元大台灣高股息低波動 ETF

　　最後看到 00713，2017 年 9 月由元大投信所發行，

2024 年 1 月底時前 10 大成分股包括：統一、台灣大、遠

傳、可成、仁寶、統一超、鴻海、宏全、瑞儀、寶成，產

00713近年股利、殖利率表現

資料來源：「艾蜜莉定存股」App

業類別中，電子工業占 57.08%、食品工業占 11.45%、貿易百貨占 5.84%，調節 AI 概念股，也增加食品、電信等防守型類股。

　　強調「高股息、低波動」的 00713，一發行就經歷多頭和空頭的市場洗禮，不僅抗跌性高，含息報酬也打敗大盤。此外，它不只配息穩定，歷年殖利率也都超過 5%，最新一期殖利率為 6.04%。

3檔高股息ETF比一比

股票代號	0056	00878	00713
ETF名稱	元大台灣高股息	國泰永續高股息	元大台灣高股息低波動
發行公司	元大投信	國泰投信	元大投信
成立日期	2007/12/13	2020/7/10	2017/9/19
ETF規模（台幣）	2,602.82億元（2024/1/31）	2,509.48億元（2024/1/31）	534.01億元（2024/1/31）
追蹤指數	臺灣高股息報酬指數	MSCI臺灣ESG永續高股息精選30指數	台灣指數公司特選高股息低波動指數
總管理費	0.86%	0.64%	0.62%
配息狀況	季配（1月、4月、7月、10月）	季配（2月、5月、8月、11月）	季配（3月、6月、9月、12月）

資料整理：艾蜜莉

簡單來說，這 3 檔 ETF 選股策略各有千秋，0056 著重預測未來股息表現；00878 鍾情 ESG 概念股，並注重過去殖利率表現；00713 重視基本面，尤其是股價波動較低的股票。

一次定期定額這 3 檔 ETF，對於準備退休的族群而言，每月都可以領息會感覺較安心。

💲 指數型 ETF 高成長 適合上班族與年輕人

那麼指數型 ETF，又該如何選擇？元大台灣 50（0050）跟富邦台灣采吉 50（006208）是很好的選擇。有趣的是，這 2 檔指數型 ETF 投資策略幾乎如出一轍，和台股連動性高，所以常被提及比較。

0050 是在 2003 年由元大投信發行，006208 則是富邦投信在 2012 年推出，這 2 檔 ETF「年齡」相差近 10 年，成分股幾乎一模一樣，僅有些微差異，2024 年 1 月 0050 前 10 大成分股包括：台積電、聯發科、鴻海、廣達、台達電、聯電、中信金、富邦金、日月光、中華電，光是台積電就占了近 50%！

　　2 檔 ETF 產業比例都是電子類股占 7 成以上，金融股占了近 15%，同樣追蹤臺灣 50 指數，但是，資金規模卻相差懸殊！0050 規模高達 2,956.06 億元，006208 規模則是 706.17 億元，但績效都不錯；近 10 年平均殖利率方面，0050 為 2.35%、006208 為 2.22%；近 10 年年化報酬率 0050 為 11.75%，006208 則是 11.81%。

　　以長期趨勢來看，縱使股市在短期幾個月或 1、2 年

2檔指數型ETF比一比

股票代號	0050	006208
ETF名稱	元大台灣50	富邦台灣采吉50
發行公司	元大投信	富邦投信
成立日期	2003/6/25	2012/6/22
ETF規模（台幣）	2,956.06億元 （2024/1/31）	706.17億元（2024/1/31）
追蹤指數	臺灣50指數	臺灣50指數
總管理費	0.43%	0.24%
配息狀況	半年配（1月、7月）	半年配（7月、11月）

資料整理：艾蜜莉

會下跌，時間拉長到 10 年、20 年，股市會向上成長，因為指數型 ETF 追蹤的是大盤，股價成長性會優於高股息 ETF，適合想累積資產的上班族與年輕人。

⑤ 景氣對策燈號存股法 綠燈即可進場

最後，你可能會好奇：「艾蜜莉景氣對策燈號存股法」只適用在黃藍燈或藍燈出現時嗎？如果能遇到黃藍燈或藍燈買進當然是最好的，此時能夠更快速地加碼、投入較多的資金比例。

但其實景氣對策燈號只要在綠燈以下（即包含綠燈、黃藍燈、藍燈），都是可以定期定額的進場點，不過買在綠燈的話，代表景氣相對正常，股市通常也不在相對低點，這時候如果要進場投資，最好將定期定額的時間拉長（例如拉成 5～10 年），換取投資成本下降，這樣萬一以後發生股災，也能持續往下買進。

我以 2008～2011 年的景氣對策燈號為例，從「2008～2011 年景氣對策信號燈號」圖，可以看到台灣景氣在 2008 年 5 月開始出現黃藍燈、景氣下衰，到了

2009 年 11 月出現黃紅燈、景氣轉好。如果透過「艾蜜莉景氣對策燈號投資法」，投資 0050 和 0056 績效分別會是如何呢？

假設從 2008 年 5 月出現藍黃燈時進場，每個月投入 3,000 元，看到 2009 年 11 月出現紅黃燈之後，分批賣出，期間共計 18 個月，我用歷史數據來試算一下。

如果選擇 0050，這期間總共投入約 5 萬 4,000 元，

2008～2011年景氣對策信號燈號

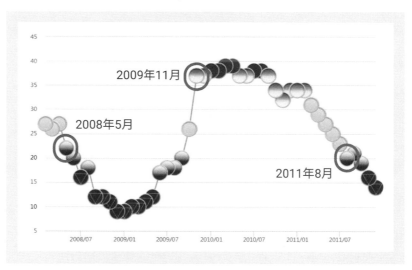

資料來源：國家發展委員會，2008/1～2011/7。

領到 2 次現金股利合計 1,462 元，選擇再投入存股，獲
利共計 1 萬 8,483 元，總報酬率達到 34.11%，年化報酬
率為 22.98%；0056 一樣也是投入約 5 萬 4,000 元，領
到 1 次現金股利合計 5,138 元，選擇再投入存股，獲利共
計 2 萬 1,085 元，總報酬率達到 38.91%，年化報酬率為
26.06%。

可能有人會問：但是 2008 年是股災的低點，如果在
2009 年 10 月出現黃紅燈就賣出，是否太早賣呢？

其實在 2009 年黃紅燈賣出後，景氣又發生一次收縮，
在 2011 年 8 月之後景氣又出現連續黃藍燈以下（包含黃
藍燈、藍燈）的情況，這時候繼續執行買進的策略，這次
可以一直放到 2020 年 12 月以後才開始分批賣出，也就是
持有將近 9 年，才出現賣點。

這 9 年，0050 投入成本 33 萬元，股利獲得 6 萬 6,621
元，總獲利 33 萬 1,398 元，總報酬率超過 96%！0056
投入 32 萬 7,000 元，股利獲得 10 萬 5,712 元，總獲利
15 萬 5,975 元，總報酬率 47.53%！

前面提到的 2008 年案例是股災的極低點，當時買的

2011～2021年景氣對策信號燈號

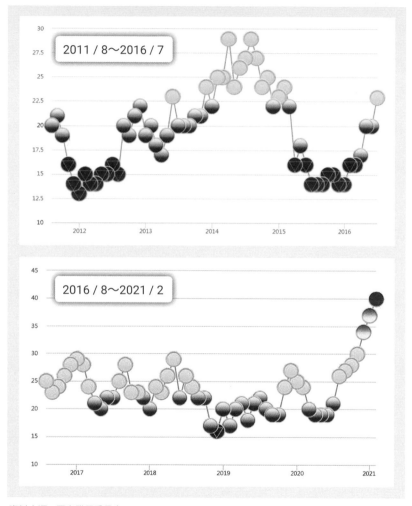

資料來源：國家發展委員會，2011/8～2021/2

股價非常便宜，很多股票殖利率超過 10% 以上，我的想法是，如果買得夠便宜，想要長期持有也是可以的，不用在 2011 年趕著賣出，可以持續放到 2020 年 10 月後再分批賣出，重點是要買得夠便宜，才能長期持有到景氣過熱時，再考慮出場。

但這是現在回過頭看歷史走勢，才知道經濟會如何發展，沒人可以百分之百準確預測未來，所以也可以選擇按照紀律執行投資策略。

此外，個股也可以定期定額，但僅限營收穩定且產業不會有太大變化的個股，例如電信股、金融股，不過就我個人，金融股只會投資 8 大金融股。

最後要提醒的是，這本書中提到的投資策略，每個人都可以依照自己的情況，調整成最適合自己的策略，找到最適合自己的方法，心理穩定了，面對股市漲跌才不會因為恐懼或貪婪而追高殺低。

在低檔分批買進，才有機會享受財富重新分配的成果！進入股市 18 年，我從被資遣時的無助，到現在靠著逆勢價值投資法、嚴守紀律，經過多年的累積，資產達到

5,000 萬元，不可諱言，初期財富累積速度有限，但只要肯堅持，你一定也可以和我一樣，找回人生的選擇權。

在財務自由的路上我們一起加油！

> **艾蜜莉的小資致富之道**
>
> 重點整理一下「景氣對策燈號存股法」策略：綠燈以下（包含綠燈、黃藍燈、藍燈）都是可以定期定額的買點，至於要買指數型或高股息型 ETF 看個人。遇到黃藍燈甚至是藍燈時是最佳的加碼點，可以設定 2 ～ 3 年間集中火力把銀彈打在相對低點，等到黃紅燈或紅燈以上再分批賣！

附錄 1
「艾蜜莉觀察名單」的公司和ETF

股票代號	股票名稱	股票代號	股票名稱	股票代號	股票名稱	股票代號	股票名稱
0050	元大台灣50	2308	台達電	2885	元大金	5880	合庫金
0056	元大高股息	2317	鴻海	2886	兆豐金	5903	全家
006205	富邦上証	2330	台積電	2891	中信金	6023	元大期
006208	富邦台50	2347	聯強	2892	第一金	6115	鎰勝
00646	元大S&P500	2376	技嘉	2912	統一超	6189	豐藝
00713	元大台灣高息低波	2395	研華	3034	聯詠	6239	力成
00878	國泰永續高股息	2412	中華電	3035	智原	6281	全國電
00919	群益台灣精選高息	2441	超豐	3044	健鼎	8926	台汽電
1210	大成	2454	聯發科	3045	台灣大	9904	寶成
1215	卜蜂	2820	華票	3231	緯創	9910	豐泰
1216	統一	2822	廣達	3705	永信	9917	中保科
1229	聯華	2880	華南金	3711	日月光投控	9925	新保
1232	大統益	2881	富邦金	4205	中華食	9941	裕融
2207	和泰車	2882	國泰金	4904	遠傳	9942	茂順
2301	光寶科	2884	玉山金	4938	和碩	—	—

資料來源：艾蜜莉整理，2024/3/14。

附錄 2
「艾蜜莉定存股」
App使用方式

「小弟是投資菜雞，工作後總算有了自己的收入，最近看身邊的朋友買股票都賺錢，也想要學點投資，但平常上班已經累得要死，沒有時間和力氣研究個股，跟著朋友買股票，進出場時總是提心吊膽，讓我實在很兩難。」

我經常收到網友傳來類似訊息，很多投資新手害怕自己不會做功課或沒時間做功課，因此，艾蜜莉研發了「艾蜜莉定存股」App，希望可以幫大家找出適合存股的投資標的。那麼，要怎麼使用「艾蜜莉定存股」App 呢？

「艾蜜莉定存股」App

請掃瞄QR Code，立即下載。

💲 步驟①》下載 App 完成註冊

到 Google Play 或是 App Store 搜尋「艾蜜莉定存股」，下載後設定帳號，不管是自創帳號或是選擇用 FB、Google 帳號登入，都可以（圖1～圖2）。

可選用不同方式登入App

圖1

圖2

一打開 App 就會出現「我的艾蜜莉名單」頁面，觀察名單包括：寶成（9904）、統一（1216）、聯強（2347）、台灣大（3045）、中華電（2412）等股票。這些是根據我自己所設定的選股條件，顯示出來的觀察名單。如果你對選股沒有特別想法，可以參考觀察名單；或是你想要變更選股條件，也是可以的！那麼，要如何更改設定呢？

💲 步驟②》調整選股條件

點選右上角的漏斗進入設定頁面，進入選單之後，會看到：全台股上市櫃、適用紅綠燈評價股、剔除景氣循環股，這 3 個是我選股設定的條件，可自行更改，其他條件也可以由個人喜好來設定，但設定的條件越多，篩選出的個股就越少。換句話說，有符合條件的個股才會出現，沒有符合條件的，0 個股也是有可能的（圖 3～圖 4）。

如果點選完之後一個都沒有，代表你有興趣的股票，沒有符合你設定的條件。此時，你要調整你的設定條件，有符合條件的個股，才會顯示出來。

圖3　　　　　　　　　　　圖4

💲 步驟③》剔除估價法的極端值

接下來，我以台灣大哥大（3045）為例，點選個股基本資料之後，在「估價法」的「詳細說明」頁面中，會顯示個股買賣價格的便宜價、合理價以及昂貴價3種參考股價。

一般來說，「艾蜜莉觀察名單」的股票，不用自己設定剔除極端值，因為會幫大家設定好，但如果是這些名單以外的股票就要自己剔除極端值了。

什麼是極端值呢？「紅綠燈估價法」已經是用多種估價法混合平均之後評估出來的股價，但是每一種估價法計算出來的價格不一定一樣，有些估價法的估價會特別低或特別高，這就是極端值。極端值不只影響到平均值，也導致估價失真，這時候關閉極端值，估價結果才比較準確，也比較有意義。

我們可以看到台灣大哥大的便宜價，在「股利法（當期）」為 64.5 元，「股利法（十年）」為 76.8 元，「歷年股價法」為 96.29 元，但是「股價淨值比」卻顯示為 114.31 元，明顯大過其他數字很多，這時候就應該把「股價淨值比」關閉，剔除極端值，避免不小心誤導而買錯價位。

那要怎麼關閉呢？先點選個股，再點選「估價法」的「價格設定」，把「股價淨值比」關閉，最後按「儲存個股設定」就可以了（圖 5 ～圖 6）。

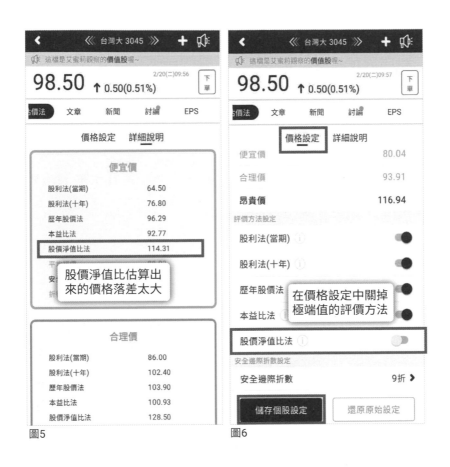

圖5

圖6

💲 步驟④》設定安全邊際

前面提到，為了避免虧損，投資時可以多留一點「空間」給想要買進的標的，把目標價打個 8 折，或是看你的需求調整折數，在比較低的價格買進，如此一來，當股價反彈時，也可以獲得更高的獲利。

在設定剛才剔除極端值的同一個頁面最下方，有一個「安全邊際折數」，如果是艾蜜莉的觀察名單，系統是預設 9 折；如果你想再保守一點或是積極一點，「安全邊際折數」從 5 折到不打折，都可以自行變動。

要提醒的是，更改安全邊際折數之後，有可能因為條件變了，觀察名單也會跟著異動（圖 7 ～圖 8）。

圖7

圖8

💲步驟⑤》找到進場時機

我的投資鐵則第一是挑選好股票，第二就是買在好價格價，透過條件設定找到自己心儀的股票之後，什麼時候是可以進場的時機呢？

在觀察名單裡，點選最左方的「紅綠燈」之後，就會出現紅綠燈算法（保守）、本益比河流圖（穩健）、股價光譜（積極）3種評估方式，大家可以依照自己的想法，選擇進出場依據（圖9～圖10）。

補充說明一下，為在股市多頭的情況下，適用紅綠燈評價算法的股票選擇少，所以要透過本益比河流圖、股價光譜來輔助評估，增加可選擇的股票。細節如果你忘了，再把書本翻到前面複習一下吧！

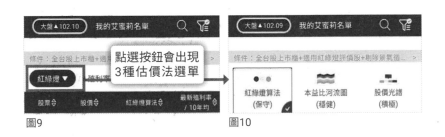

圖9　圖10

⑤ 步驟⑥》建立自選股名單

　　檢視完艾蜜莉觀察名單之後，大家也可以透過「自選股」，把自己想要觀察的名單列入其中，這樣就不會錯過進出場時機。首先在「自選股」頁面中，點選「新增股票」；輸入股票名稱或代號，或是點選曾經搜尋過的股票也可以。此外，下方的「熱門搜尋」則是會出現近期投資人有興趣的股票。

　　不論是在艾蜜莉的觀察名單，還是在自選股名單，只要點選個股名稱，就會出現關於這檔個股的相關資料，包括 K 線、體質、股利、股價光譜、本益比河流圖、估價法、文章、新聞、EPS、月營收、基本資料……非常簡便、一目了然。

⑤ 步驟⑦》即時下單

　　在「艾蜜莉定存股」App 裡面還有一個非常實用的功能，當你挑到好股票，而且來到便宜價，可以即時下單！App 頁面中飄浮著「下單」的小圓圈（可以隨意移動，這樣的設計是避免它遮到你想看的資訊，是不是非常貼

心！），點選後，可以連結到口袋證券的證券戶。

　　如果是新用戶，只要點選「線上開戶」，跟著 App 步驟申請，最快 2 小時後就可以開通帳號；之後點選「下單」，就能直接在「艾蜜莉定存股」App 進行交易；若原本就有口袋證券的帳戶，只要進行登入即可（圖 11 ～圖 12）。

圖11　　　　　　　　　　　　圖12

整張交易

點選「下單」小框框，確認個股名稱、買賣股價、張數（1 張＝ 1,000 股），然後按「買進」確認送出，就會收到「委託成功」的提示頁面。下單有沒有成功呢？點選「委託」和「成交」的欄位就可以查詢了。

萬一不小心下單錯誤，還沒成交之前，還來得及刪除喔（圖 13 ～圖 14）！

零股交易與智能存股

另外，因為艾蜜莉最在乎存股功能，所以我自己也是直接使用 App 裡的「智能存股」來定期定額！智能存股有 2 種模式：定額、定股，而且除了台股之外，還可以選擇存美股，使用上有任何問題，可以請口袋證券的客服人員幫忙處理。

①定額：因為我是定額買，就選擇「定額」。

②執行期間：最長3年，我先設定1年。

③選擇投資金額：每檔10萬元。

④委託日期：口袋可以任選日期，我選了我的幸運數字。

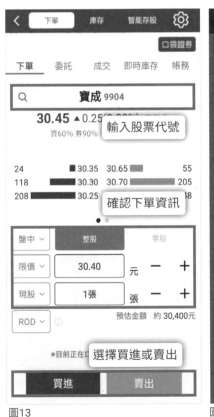

圖13

圖14

在「委託」功能中可查詢交易紀錄，下單後，未成交之前都可更改資訊。

⑤委託價：因為是最單純的定期定額，我直接選整股開盤價，也不設定委託價上限。但如果你想要用金字塔存股、越跌越買的方式，這邊就可以設定委託價上限（圖15～圖16）。

圖15   圖16

「艾蜜莉定存股」App 經過這些年的修正和大家的努力之下，功能越來越成熟，也提供許多即時資訊，方便大家參考：

即時資訊①》 個股財報即時更新

除了大盤資訊，還有個股 K 線、最新殖利率、股利、除權息、新聞等資料，財報資料還能任你排序。在「個股特性」中也會標示該檔股票是否為「景氣循環股」，一目了然。

即時資訊②》 到價即時通知

在「我的艾蜜莉名單」頁，一旦有股票到達便宜價，App 會自動跳出通知；另外，若有你的自選股到了你的理想價格，App 也會即時通知你。

即時資訊③》 艾蜜莉 VIP 社團

內建互動性社團，我會親自在裡面留言、教學互動，此外，你也可以與同好互相交流，分享投資心得或對某一檔股票的看法。

即時資訊④》 訂閱專區

裡面有 VIP 專屬文章、影音，每月新增我撰寫的獨家

個股評價文章、投資教學影音，除了選股功能，還能不斷充實自己的產業新知！

　　能夠分享任何投資理財的知識，讓大家慢慢累積自己的財富，對我來說非常有成就感，但還是要提醒大家，投資必須獨立思考，按照自己步調，依自身條件來做規劃，才有機會為自己賺進豐厚的收入！

投資筆記

艾蜜莉存股術 2.0
月薪 2.5 萬起步　滾到 5 千萬財富

作者：艾蜜莉（張紫凌）

總編輯：張國蓮
副總編輯：周大為
責任編輯：李文瑜
美術設計：廖婉甄、楊雅竹
封面攝影：張家禎

董事長：李岳能
發行：金尉股份有限公司
地址：新北市板橋區文化路一段 268 號 20 樓之 2
傳真：02-2258-5366
讀者信箱：moneyservice@cmoney.com.tw
網址：money.cmoney.tw
客服 Line@：@m22585366

製版印刷：緯峰印刷股份有限公司
總經銷：聯合發行股份有限公司

初版 1 刷：2024 年 3 月
初版 14 刷：2024 年 8 月

定價：420 元
版權所有 翻印必究
Printed in Taiwan

國家圖書館出版品預行編目（CIP）資料

艾蜜莉存股術 2.0 : 月薪 2.5 萬起步 滾到 5 千萬財富
/ 艾蜜莉作 . -- 初版 . -- 新北市 : 金尉股份有限公司，
2024.03
　　面；　公分 . -- (創富 ; 63)
ISBN 978-626-98240-5-2(平裝)
1.CST: 股票投資 2.CST: 投資技術 3.CST: 投資分析

563.53　　　　　　　　　　　　113002865

Money錢

Money錢